I0025795

I.

CHAMBRE SYNDICALE DE LA MARINE DU NORD

SOCIÉTÉS BATELIÈRES

d'Assurances mutuelles contre les risques
de la Navigation

EXISTENCE LÉGALE DE CES SOCIÉTÉS

AFFAIRE GILLIOT

CONTRE

LES SOCIÉTÉS DE St-JULIEN ET D'OSTREVENT

Jugement du Tribunal civil de Valenciennes du 25 janvier 1860.
Arrêt de la Cour impériale de Douai, du 18 juillet 1860.
Délibération de la Chambre syndicale de la Marine du Nord,
du 16 décembre 1861.
Arrêt de la Cour de cassation du 8 décembre 1862.

VALENCIENNES

IMPRIMERIE DE B. HENRY, RUE DU MARCHÉ-AUX-POISSONS, 2

1863

Ils assignèrent ensuite Cauvain et la *Société de St-Julien* en paiement du préjudice causé.

De leur côté, ceux-ci appelèrent en garantie un sieur Gilliot, propriétaire du ponton, près duquel la *Grâce-de-Dieu* avait dû passer en même temps que près de l'*Inattendu*, sur le motif que des mouvements du ponton avaient poussé la *Grâce-de-Dieu* sur l'*Inattendu*, et avaient ainsi causé l'avarie faite au bateau de Dufresnes.

Devant le Tribunal civil de Valenciennes, où la cause fut portée, Gilliot éleva une fin de non-recevoir en refusant aux *Sociétés de St-Julien* et d'*Ostrevent* qualité pour agir. Il disait :

« Nul en France ne plaide par *procureur*, sauf le corps
» social, le souverain ou les corps moraux légalement
» constitués. Dès lors, pour agir en justice comme
» syndic, représentant ou receveur d'une Société et à ce
» titre, il faut établir l'existence légale de cette Société
» prétendue et son droit à se faire représenter comme
» entité juridique, demanderesse ou défenderesse, sans
» faire intervenir la personnalité de ses membres. Or,
» soit que l'on regarde les associations mutuelles d'assu-
» rances batelières de la nature des prétendues *Sociétés*
» *d'Ostrevent* et *de St-Julien* comme ayant un caractère
» commercial, qu'on les considère comme ayant un
» caractère civil, il faut également décider qu'elles ne
» peuvent exister juridiquement et partant ester en jus-
» tice, faute d'autorisation du Gouvernement. En effet,
» considérées au point de vue commercial que semble
» devoir faire prédominer la qualité de leurs membres
» tous commerçants et qui seraient liés, soit pour se
» couvrir entre eux, soit pour couvrir des tiers de risques
» commerciaux, ces Sociétés ne sont pas des Sociétés en
» nom collectif, puisque leur mode d'organisation exclut
» et la solidarité active et la solidarité passive annoncées
» au public par la raison sociale ; elles ne sont pas davan-
» tage des Sociétés en commandite, puisque leur mode
» de constitution exclut la gérance d'une ou de plusieurs
» personnes, tenues indéfiniment des dettes sociales, et
» la fixation d'un capital annoncé au public comme ayant
» été fait par les autres co-intéressés et la forme compo-

» sée, pour désigner la société aux tiers, du nom de mem-
» bres collectifs et de la formule abstraite : *et Compagnie*,
» couvrant les simples intéressés pécuniaires. Elles ne
» peuvent être davantage regardées comme des partici-
» pations ; loin d'avoir pour objet un compte occulte,
» existant à propos d'une ou de plusieurs opérations entre
» commerçants intéressés, à l'insu du public, à un agisse-
» ment ostensiblement opéré par un seul, elles se pré-
» sentent à tous comme constituant des êtres juridiques
» abstraits, ayant une vie propre et des intérêts collec-
» tifs distincts de ceux de leurs différents membres.

» D'après cette organisation caractéristique, ces deux
» Sociétés rentrent dans la catégorie des Sociétés ano-
» nymes ayant pour désignation, non point des noms
» individuels d'intéressés ou une raison sociale, mais
» une appellation purement abstraite, et ayant pour
» administrateurs, non des gérants personnellement et
» indéfiniment tenus des dettes sociales, mais des pré-
» posés uniquement tenus de rendre compte de leur
» mandat et non engagés par suite des obligations
» sociales. Mais, dans quelque esprit qu'elles fussent
» passées, religieux ou politique, civil ou commercial,
» toutes les conventions ayant pour but de créer des
» corps mystiques, indépendants de la personne de leurs
» membres, subsistant sans raison sociale et gouvernés
» par des fonctionnaires sans responsabilité personnelle,
» ont été, depuis 1789, considérés comme incompatibles
» avec l'ordre public, si elles n'avaient obtenu la consé-
» cration du pouvoir souverain, qui a été de nouveau,
» pour les Sociétés anonymes, expressément exigée par
» l'art. 37, C. comm.

» On essayerait en vain, pour soutenir l'existence légale
» des deux Sociétés et la possibilité pour leurs préposés
» de les représenter en justice, de les considérer comme
» n'ayant point pour objet une spéculation, mais une
» simple répartition de risques, et partant comme ayant
» un caractère civil qui, d'une part, les soustrairait aux
» principes d'ordre public, et, d'autre part, leur per-
» mettrait d'agir par syndics, indépendamment de cha-
» cun et de tous les membres de l'association. Outre la

» qualité de commerçant des membres de la Société et
» la nature des risques couverts, même au profit des
» tiers, dans un but évidemment commercial qui donne
» à cette association un caractère de commercialité indis-
» cutable, il est certain que les Sociétés civiles ne peu-
» vent non plus que d'autres, sans l'autorisation du
» Gouvernement, exister sous la forme anonyme.

» En effet, les motifs d'ordre public sont les mêmes ;
» l'art. 37, C. comm. n'a été que déclaratif des principes
» de droit public qui sont sortis de la Révolution de
» 1789 ; il est général dans sa formule et ne distingue
» entre aucune espèce d'association. C'est ainsi qu'il a
» toujours été entendu, sous et par tous les pouvoirs qui
» se sont succédé, même les plus rétrogrades ; à plus
» forte raison, il doit l'être sous une constitution qui
» s'est placée sous l'invocation des principes de 1789.
» Dès lors les deux Sociétés prétendues et leurs repré-
» sentants ne peuvent être admis à ester en justice, et
» il y a lieu de déclarer dès à présent non recevables
» leurs mandataires et de les condamner personnelle-
» ment aux dépens. »

Gilliot concluait au fond et prétendait que la barque
dite *ponton*, qui se trouvait, le jour de l'abordage,
amarrée à l'aide d'une chaîne fixée à un pieu comme
elle l'est depuis longtemps, en face de la demeure de
Gilliot, n'entravait en aucune façon la navigation, et
qu'elle laissait à des bateliers, ainsi que le démontre la
largeur du canal, un espace qui permettait de faire
toutes les manœuvres possibles ; que, partant, le choc
ne pouvait avoir été occasionné que par l'incurie et la
négligence, soit de l'un des bateliers soit de tous deux.

Le Tribunal civil de Valenciennes rendit le jugement
suivant, à la date du 25 janvier 1860.

Jugement.

« Considérant que le 1ᵉʳ décembre 1859, un choc a
eu lieu sur l'Escaut, entre le bateau l'*Inattendu*, dirigé
par Alexandre Dufresnes, et le bateau la *Grâce-de-
Dieu*, conduit par Louis Cauvain ;

» Considérant que le batelier Dufresnes en tant que
» membre de la Société d'assurances contre les risques
» de la navigation dite *Société d'Ostrevent*, les sieurs
» J.-B. Laval, Agamemnon Masy, tous deux syndics, et
» Jules Carlier, receveur de ladite Société, se joignent à
» Dufresnes, pour demander à Louis Cauvain, membre
» de la Société ayant pour titre : *Nouvelle Société de*
» *St-Julien*, et au sieur Joseph Charles, en sa qualité de
» receveur de ladite Société, la réparation du dommage
» éprouvé par le bateau l'*Inattendu* qui, peu d'instants
» après avoir été heurté, coula à fond avec son charge-
» ment de charbon ;

» Considérant que les sieurs Cauvain et Charles,
» défendeurs, ont appelé en cause le sieur Gilliot, cons-
» tructeur de bateaux demeurant à Lourches, comme
» étant en partie la cause du sinistre, objet du procès,
» pour avoir laissé stationner, à l'endroit de la rencontre
» des deux bateaux, une barque dite *ponton* qui, par
» une fausse manœuvre, serait venue frapper le bateau
» la *Grâce-de-Dieu*, et l'aurait renvoyé contre l'*Inat-*
» *tendu*;

» Considérant que le sieur Gilliot, appelé en cause,
» oppose aux demandeurs principaux Laval, Masy et
» Carlier, et à Charles, défendeur, (par lequel il a été
» assigné), une exception tirée de la qualité qu'ils ont
» prise, sans droit selon lui, de syndics, receveurs et
» représentants des *Sociétés d'Ostrevent* et de *St-Ju-*
» *lien*; qu'il conteste l'existence légale desdites préten-
» dues Sociétés, et partant le droit, soit pour ces asso-
» ciations elles-mêmes d'ester en justice, soit pour leurs
» mandataires d'y ester de leur chef.

» Considérant que bien que Gilliot n'ait aucun intérêt
» dans la fin de non-recevoir qu'il propose, toutes les
» parties et lui-même ayant conclu au fond, la question
» soulevée n'en doit pas moins être examinée et décidée
» par le Tribunal auquel elle est soumise;

» Considérant que, pour apprécier la nature des asso-
» ciations dont on discute l'existence légale, il suffit de
» lire les statuts qui les régissent; qu'il résulte à l'évi-
» dence des termes de ces statuts que la convention

» Considérant que, [...] bataille l'intéresse, en tant que
» d'assurance contre les risques de la navigation est
» exclusive de toute idée de spéculation et de lucre, et
» que toute son efficacité se concentre dans la réparation
» d'un dommage d'après la maxime : *Assecuratus non
» quærit lucrum, sed agit ne in damno sit;*

» Que les associations dont il s'agit ne doivent pas
» être considérées comme des Sociétés anonymes qui ne
» peuvent exister qu'avec l'autorisation du Gouverne-
» ment ;

» Qu'en effet, dans l'espèce, les sociétaires sont con-
» nus, qu'ils offrent toutes les garanties désirables de
» moralité et de solvabilité, et qu'on lit dans le § 9 des
» articles additionnels des statuts de la *Société de St-
» Julien* que tout sociétaire qui soit par l'âge, soit
» par son inconduite, soit enfin par incapacité, sera jugé
» ne pas pouvoir conduire son bateau, pourra être exclus
» de ces Sociétés, par une délibération prise par deux
» des fondateurs seulement;

» Considérant que ce qui écarte dans la cause tout
» caractère anonyme, c'est que, d'après les statuts des
» *Sociétés d'Ostrevent et de St-Julien*, les sociétaires sont
» indéfiniment et personnellement responsables des
» pertes, que tous les contrats ont été publiés au greffe
» du Tribunal de commerce et dans les journaux de
» Valenciennes;

» Considérant qu'il reste dès lors une association *sui
» generis* très-licite, très-légale, qui n'est assujettie à
» aucune forme ou condition particulière, une association
» ayant une personnalité morale, pouvant ester à ce
» titre en justice et y être représentée par son gérant;

» Considérant que la maxime, *Nul ne plaide par
» procureur*, invoquée par Gilliot, est inapplicable en
» l'espèce, puisque c'est la personne morale (et non les
» membres qui la composent) qui seule plaide par le
» sieur Charles, son gérant, à qui l'art. 29 des Statuts
» précités confère tous pouvoirs nécessaires;

» Considérant, en ce qui touche le fond, qu'au milieu
» des dires contradictoires des parties, le moyen le plus
» certain de connaître la véritable cause du sinistre,
» objet du procès, est une expertise qui sera confiée à

» des hommes spéciaux qui s'entoureront de tous ren-
» seignements utiles et à qui le Tribunal donnera tout
» pouvoir pour en déterminer la valeur et en constater
» les causes ;
» Considérant que la jurisprudence, fixée par un
» dernier arrêt de la Cour de cassation du 17 novembre
» 1858 (S. V. 1859, 1, 727) — reconnaît aux tribunaux
» le droit d'étendre ainsi la mission qu'ils donnent aux
» experts.
» Par ces motifs, le Tribunal, sans s'arrêter à la fin
» de non-recevoir proposée par le sieur Gilliot dont il le
» déboute, tous droits et moyens des parties réservés,
» dit qu'il sera procédé à une expertise, etc. »

— Appel par Gilliot contre Cauvain et de Cauvain contre
Dufresnes et Gilliot.

Devant la Cour de Douai, pour Gilliot on reproduisait
la fin de non-recevoir présentée devant les premiers
juges.

En droit, disait-on, *nul ne plaide par procureur ;* les
Sociétés batelières qualifiées Sociétés de *St-Julien* et de
l'Ostrevent, qu'on les considère comme civiles ou commerciales, ne peuvent ester en justice qu'à la condition
que l'action soit intentée au nom de tous ceux qui en
font partie ; mais il n'est pas possible d'admettre que les
sieurs Laval, Masy et Charles, se disant syndics et receveurs de ces Sociétés, aient qualité pour les représenter
en justice. D'ailleurs ces Sociétés par leur nature et leur
constitution sont de véritables Sociétés anonymes, elles
ne sont pas autorisées. Dès lors elles sont nulles, aux
termes de l'avis du Conseil d'Etat du 1er avril 1809 et du
décret du 18 novembre 1810. Par une conséquence ul-
térieure, elles ne peuvent ester en justice dans un intérêt
collectif, constitué en violation manifeste de la loi.

La Cour a confirmé la sentence des premiers juges par
les motifs qu'on va lire :

ARRÊT.

« LA COUR, — attendu la connexité des causes inscri-
» tes sous les n°s 222 et 269 du rôle général, en ordonne

» la jonction, et statuant à l'égard de toutes les parties;

» Attendu que les associations de bateliers, dites d'*Ostrevent* et de *St-Julien*, ne présentent, à aucun titre, le caractère d'une Société soit civile, soit commerciale;

» Qu'en effet on ne rencontre point, dans leurs conventions, l'élément constitutif du contrat de Société, que le législateur a pris soin de définir par l'art. 1832 du C. Nap.;

» Que ces bateliers, par des stipulations exclusives de toute préoccupation de lucre ou de spéculation, n'ont eu d'autre but que de se garantir réciproquement contre les risques de la navigation, au moyen d'une cotisation formant un fonds commun destiné à la réparation du dommage, en cas d'accident;

» Qu'en vain on prétendrait qu'à raison de la qualité des contractants, cette convention revêt un caractère commercial, en ce qu'elle peut favoriser indirectement leur industrie; qu'on ne saurait sous ce spécieux prétexte dénaturer l'esprit et le texte des actes, ni s'écarter, par une extension arbitraire, des conditions essentielles déterminées par la loi en matière de société;

» Que vainement encore, et pour assujettir les associations de bateliers à l'autorisation préalable du Gouvernement, on essaie de les confondre avec les Sociétés anonymes, en se prévalant de certains caractères qui leur seraient communs, notamment de l'absence d'une raison sociale;

» Attendu que des différences radicales repoussent une telle assimilation; qu'il n'y a eu ici ni capital social, ni actions transmissibles; qu'une simple contribution, dont le chiffre est réglé suivant l'exigence des cas, est imposée, d'un commun accord, aux associés qui sont d'ailleurs personnellement responsables; qu'il n'existe évidemment, à l'égard de ces associations d'une nature toute spéciale, aucun des motifs d'intérêt général qui, pour sauvegarder les droits des tiers et le crédit public, ont fait soumettre au contrôle du Gouvernement la constitution des Sociétés anonymes;

» Attendu que la garantie mutuelle conclue par un
» nombre plus ou moins limité de bateliers, non pour
» se ménager un bénéfice quelconque, mais uniquement
» afin d'être indemnisés des pertes ou avaries à l'aide
» d'une cotisation arrêtée entre eux, demeure donc ré-
» gie par les principes du droit commun et par les dis-
» positions des art. 6 et 1134, C. Nap., en vertu desquels
» les conventions qui ne dérogent en rien à l'ordre
» public et aux bonnes mœurs tiennent lieu de loi à
» ceux qui les ont faits, et doivent être sanctionnées par
» la justice ;
» Attendu que ces traités, passés en forme authenti-
» que, et qui, par leur objet, conservent un caractère
» purement privé, ne renferment d'ailleurs que les clau-
» ses les plus licites ; qu'on y prescrit notamment toutes
» les mesures propres à assurer une direction prudente
» des bateaux ; que dans ce but et par une prévoyance
» aussi morale qu'intelligente, on exclut de la commu-
» nauté ceux dont l'inconduite ou l'inhabileté entraînerait
» des conséquences préjudiciables ;
» Attendu que de telles stipulations, obligatoires
» pour les contractants qu'elles prémunissent contre
» des éventualités dommageables, ne peuvent, en même
» temps, que profiter à l'intérêt public ; qu'aussi des
» associations semblables se sont succédé depuis plus
» d'un siècle jusqu'à ce jour dans cette contrée sous
» les yeux de l'administration, sans qu'elle ait jamais
» manifesté la pensée de subordonner à son approbation
» la légalité de leur existence :
» Attendu que ces bateliers, habituellement éloignés
» de leur domicile, plus ou moins longtemps, par les
» exigences même de leur profession, ont pu constituer
» des mandataires à l'effet d'exercer en leur nom leurs
» droits et actions ; que dans ces conditions, les asso-
» ciés ne plaident pas *par procureur* ; qu'ils agissent
» eux-mêmes et directement par l'organe des représen-
» tants de leur choix, qui les personnifient et les enga-
» gent par leurs actes et leurs conclusions en justice ;
» Attendu que Gilliot n'est donc pas plus fondé à
» critiquer ici la régularité de la procédure que la légalité

» des sociétés batelières intimées au procès, et qu'en le
» décidant ainsi, les premiers juges ont sainement
» apprécié les faits de la cause ;
» Attendu que l'appel de Gilliot a entraîné celui de
» Charles et celui de Cauvain, et retardé la solution du
» procès au fond, en suspendant l'exécution d'une
» mesure préparatoire ordonnée par le Tribunal ; qu'en
» conséquence, Gilliot doit supporter tous les frais occa-
» sionnés par une mauvaise constestation qu'il n'avait
» même pas intérêt à soulever, puisqu'il est, en outre,
» appelé en garantie par Cauvain ;
» Par ces motifs, met les appellations au néant ; con-
» firme le jugement ; ordonne qu'il sortira son entier
» effet ; ordonne la restitution des amendes consignées
» sur les appels de Charles et de Cauvain ; condamne
» Gilliot à l'amende et aux dépens de la cause d'appel
» envers toutes les parties. »

Du 18 juillet 1860, première chambre, président M. De
Moulon, premier président, ministère public, M. Mor-
crette, premier avocat général ; avocats, Mes Dupont,
Duhem et Talon.

Le 16 novembre 1860, pourvoi en cassation par Gilliot
contre Mazy, Laval, Carlier, Charles, Cauvain et Dufresnes et le 5 novembre 1861, arrêt de la Chambre des
requêtes qui admet la requête et autorise Gilliot à citer
devant la Chambre civile.

Les documents qui précèdent puisés dans le bulletin
de la *Jurisprudence de la Cour impériale de Douai*
(7e livraison 1860, p. 289 et s.) ayant été portés à la
connaissance de la Chambre syndicale de la Marine du
Nord par le secrétaire et par M. Charles, l'un des intéressés dans la cause déférée à la Cour de cassation, receveur et gérant de la Société nouvelle *de St-Julien*, de
Condé, qui fait partie du Syndicat de la Marine du Nord,

LA CHAMBRE,

Dans une séance tenue à l'Hôtel de ville de Condé, le
16 décembre 1861,
Vu les articles suivants de ses Statuts dûment approuvés par l'autorité administrative supérieure, savoir:

« Art. 5. § 4. La Chambre a pour mission d'exami-
» ner, concilier, éclairer ou résoudre les affaires conten-
» tieuses et les questions relatives aux transports, sur
» lesquelles elle peut être appelée à statuer ou à donner
» son avis, soit par les tribunaux, soit par les intéressés,
» soit par l'autorité publique. »

« Art. 6. Peuvent seuls faire partie du Syndicat du
» Nord, les gérants ou délégués des diverses Sociétés
» d'assurance mutuelle du Nord de la France et de la
» Belgique, etc. »

« Art. 7. La représentation des Sociétés d'assurance,
» aux assemblées générales du Syndicat de la Marine du
» Nord est fixée à raison d'un délégué par cinquante
» bateaux participant aux bénéfices de la même mutua-
» lité. »

Vu la demande d'avis de M. Charles, intéressé et
membre du Syndicat, dit et déclare tout d'abord :

Qu'il y a lieu d'attendre non-seulement avec confiance,
mais avec le respect et la soumission qui sont dus aux
arrêts de la justice, surtout quand ils émanent de la Cour
suprême, la solution, quelle qu'elle soit, qui sera donnée
par cette Cour à la cause pendante devant elle ;

Que la Chambre ne saurait, au point de vue judiciaire
qui sort entièrement de ses attributions, appuyer, par
aucun argument nouveau, les décisions si puissamment
et si savamment motivées du Tribunal de Valenciennes
et de la Cour de Douai.

La Chambre syndicale se bornera donc à présenter
quelques considérations de fait qui, tirées de la nature
des choses, sans avoir aucun caractère juridique, pour-
raient, sinon édifier la Cour, du moins renseigner utilement l'avocat qui sera chargé de défendre au pourvoi.

Il existe, de temps immémorial, dans le nord de la
France et en Belgique, des sociétés d'assurances mutuelles contre les risques de la navigation intérieure.

Ces sociétés sont au nombre de plus de quatre-vingts.

Le Syndicat de la Marine du Nord légalement constitué en compte dans son association un grand nombre.

Quant au Syndicat lui-même, il peut être utile d'expliquer incidemment ici, en quelques mots, son origine, sa composition et l'objet de sa mission.

Tous les grands intérêts du pays trouvent des défenseurs accrédités dans des corps représentatifs. L'agriculture, le commerce ont leurs Chambres consultatives.

La navigation intérieure restait seule sans organe autorisé et sans représentation collective et directe.

La grande famille de la batellerie éparse sur tous nos canaux et rivières, ne pouvait se réunir périodiquement ; des assemblées générales et universelles de bateliers étaient impossibles ; en un mot, il fallait leur constituer une représentation.

Or, les nombreuses associations batelières d'assurances mutuelles contre les risques de la navigation offraient dans leurs Gérants, Syndics ou Délégués les éléments naturels de cette représentation.

Un appel leur fut adressé ; il fut entendu. Avec l'autorisation de l'autorité, les Délégués se réunirent en assemblée générale ; ils se donnèrent des statuts mûrement délibérés, votèrent une cotisation et établirent par élection une Chambre permanente et à siége fixe.

C'est ainsi que la représentation de la batellerie s'est organisée et s'est constituée par la création du Syndicat et de la Chambre de la Marine du Nord.

Par arrêté de M. le Préfet du Nord, en date du 20 septembre 1861, des statuts furent approuvés et le Syndicat reçut l'institution légale.

Des associations batelières, dit la Cour impériale de Douai, dans un des considérants de son arrêt, « se sont » succédé depuis plus d'un siècle jusqu'à ce jour dans » cette contrée sous les yeux de l'administration, sans » qu'elle ait jamais manifesté la pensée de subordonner » à son approbation la légalité de leur existence. »

L'administration a fait plus, comme on vient de le voir, elle a expressément approuvé les statuts d'une grande association dont les Sociétés d'assurances mutuelles sont la base, et implicitement elle a reconnu, sinon approuvé expressément, l'existence de ces sociétés.

Dans l'intérêt de l'auteur du pourvoi, en première instance, en appel et devant la Cour suprême, on a invo-

qué les grands principes de 1789 et la Constitution de
1852 ; on a insisté sur la nécessité de l'autorisation gou-
vernementale, et, en attribuant à de petites associations
batelières un but de lucre et de spéculation, par conséquent un caractère commercial qu'elles n'ont aucune-
ment, ainsi que l'ont démontré à l'évidence le Tribunal
de Valenciennes et la Cour de Douai, on a voulu les
soumettre, comme si elles étaient des sociétés anonymes,
au régime de l'autorisation donnée en la forme prescrite
par les règlements d'administration publique, conformément à l'art. 37 du C. comm.

Mais, outre que cette assimilation est en dehors de la
réalité des faits et répugne à la nature des choses, ne
serait-il pas plus exact, plus juste et plus vrai de cher-
cher, sinon une assimilation, car il y a des différences
réelles, mais un rapprochement entre nos Sociétés batelières d'assurances mutuelles contre les risques de la
navigation et les Sociétés de secours mutuels.

Les unes et les autres, dans un but de prévoyance
étranger à tout esprit de lucre et de spéculation, dans
l'impossibilité où seraient isolément leurs membres, bateliers ou ouvriers, de supporter seuls les charges que
feraient tomber sur eux et leurs familles, soit une avarie
ou une perte de bateau — soit une maladie, une blessu-
re, une cessation forcée de travail, forment, au moyen
de cotisations modiques, un fonds commun destiné, —
pour les unes, à la réparation des avaries, des dommages,
des pertes, — pour les autres, à l'assistance, au soulage-
ment, à l'alimentation et à la médication des ouvriers
malades ou blessés, incapables de travailler et de sub-
venir à leurs besoins et à ceux de leurs familles.

Ces Sociétés de prévoyance, comme les associations,
devenues heureusement si nombreuses en France sous
l'impulsion féconde du Gouvernement impérial, entre
les gens de lettres, les artistes, les employés, les ouvriers,
les hommes peu aisés de toutes les conditions, comme
elles intéressent l'ordre public, ont généralement besoin de l'autorisation administrative. — Mais, lorsque
l'Administration chargée de sauvegarder l'ordre public est
apaisée, ne serait-il pas contraire à toute raison et à

toute justice, sous le prétexte que quelques-unes de ces associations peuvent avoir, sinon un caractère de commercialité, du moins quelque analogie avec des Sociétés commerciales, de vouloir étendre à ces Sociétés les règles tracées par le Code de commerce?

Certains esprits peuvent avoir une tendance à faire entrer, quelquefois de force, tous les faits et les actes de l'activité, de l'intelligence, de la prévoyance, de la vie humaine dans des classifications, plus ou moins justes et raisonnées, — mais cette division, cette classification, qui vient en aide à l'esprit humain et qui est souvent utile et nécessaire, les hommes sérieux ne l'appliquent qu'avec justesse et mesure et ils se gardent de toute assimilation contraire à la nature des choses.

La loi surtout, la loi qui, avec son caractère auguste d'universalité, étend ses règles à tous les actes de la vie civile, même aux faits innommés, imprévus, nouveaux, ne saurait exiger la dénégation ou l'annulation de l'existence d'actes utiles, légitimes, uniquement parce qu'ils seraient en dehors de certaines classifications spéciales.

Ce principe, le Tribunal de Valenciennes et la Cour impériale de Douai viennent d'en faire une judicieuse application en déclarant que *la Société batelière* « est » *une association sui generis, « très-licite, très-légale ;* » — « *qu'elle est régie par les principes du droit commun* » *et par les dispositions des art. 6 et 1134 du code Na-* » *poléon, en vertu desquelles les conventions qui ne* » *dérogent en rien à l'ordre public et aux bonnes mœurs* » *tiennent lieu de loi à ceux qui les ont faites et doivent* » *être sanctionnées par la justice.* »

L'assurance mutuelle contre les risques de la navigation intérieure est un acte essentiellement moral et dans l'intérêt de l'ordre public, parfaitement connu, sinon expressément approuvé par l'autorité administrative. — S'il était jugé que cette assurance fût soumise à une autorisation plus formelle, les Sociétés batelières s'empresseraient de se mettre en mesure de demander et d'obtenir régulièrement cette autorisation. — Mais il ne semble pas qu'avec l'auteur du pourvoi et contrairement aux décisions judiciaires énoncées plus haut, il y ait lieu d'exiger l'approbation solennelle et souveraine imposée à l'anonymat.

L'autorité publique, en effet, sait combien, loin de déroger aux principes de 1789 et à la Constitution, l'initiative et la liberté de l'industrie, le sage et moral esprit de prévoyance et d'association sont respectables et dignes de protection et d'encouragement.

Or, il est évident que refuser toute existence légale aux nombreuses Sociétés batelières, à moins qu'elles ne se constituassent en Sociétés anonymes, en accomplissant les conditions actuellement imposées à ces Sociétés, ce serait — ou prononcer leur ruine irréparable, au grand préjudice de l'industrie et du commerce, en exigeant d'elles une organisation et une constitution de capital tout à fait en dehors de leurs moyens et de leurs ressources, — ou bien les forcer à s'incorporer, malgré elles, dans quelques sociétés générales qui exerceraient une sorte de privilège ou de monopole directement opposé aux principes de 1789 et à l'esprit de la Constitution, — tout en répondant mal à leurs besoins et aux exigences d'un service qui, de sa nature, doit rester décentralisé.

Pourquoi, en un mot, nos bateliers, dans leur défiance instinctive et souvent légitime, ne pourraient-ils pas faire par eux-mêmes, par leurs pairs ou par les hommes de leur choix, leurs propres affaires ?

Le Tribunal civil de Valenciennes et la Cour impériale de Douai ont déclaré que Gilliot, auteur du pourvoi, était sans intérêt dans la fin de non-recevoir qu'il oppose et qu'il maintient devant toutes les juridictions. Sans rechercher quel est l'intérêt réel et effectif dont il est l'instrument, le Syndicat de la Marine du Nord, espère avec confiance que ses prétentions, et surtout les tendances destructives, désorganisatrices et ruineuses, fondées sur le succès de ces prétentions, ne seront pas accueillies.

COUR DE CASSATION.

ARRÊT DU 8 DÉCEMBRE 1862.

Présidence de M. TROPLONG, premier président.

LA COUR,

Ouï à l'audience de ce jour le rapport fait par M. le conseiller Delapalme, les observations de Mes Delaborde, Rendu, et Dubeau, avocats des parties, et les conclusions de M. de Marnas, premier avocat-général, et après en avoir délibéré ;

En ce qui touche le pourvoi dirigé contre Cauvain et contre Dufresnes ;

Attendu que Dufresnes ayant personnellement demandé contre Cauvain la réparation du dommage à lui causé par la rencontre des bateaux de celui-ci, et Cauvain ayant personnellement demandé contre Gilliot, qu'il fût tenu de le garantir de toute condamnation qui pourrait être prononcée au profit de Dufresnes, il importe peu pour la recevabilité de ces deux demandes, que les gérants des deux sociétés d'Ostrevent et de St-Julien s'y soient joints en raison de ce que ces sociétés auraient elles-mêmes été tenues, par suite de la mutualité d'assurance stipulée par leur contrat de société, d'indemniser Dufresnes de la perte par lui éprouvée ;

Que l'action, tant de Dufresnes que de Cauvain, était complètement indépendante de celle des deux sociétés, et qu'elle subsistait par elle-même, quel que fût le sort des demandes de ces derniers ;

Qu'il suit, de là, qu'aucun moyen de cassation n'ayant été proposé par Gilliot contre Cauvain, ni contre Dufresnes, le pourvoi, à l'égard de tous deux, doit être rejeté ;

En ce qui touche les moyens proposés contre les représentants des sociétés d'Ostrevent et de St-Julien ;

Attendu que ce qui constitue le caractère d'une société anonyme, c'est, non-seulement qu'elle soit gérée par des administrateurs responsables seulement de l'exécution de leur mandat, et ne contractant, à raison de leur gestion, aucune obligation personnelle relativement aux engagements de la société, mais qu'il faut encore que, d'après l'acte de société, les associés ne soient passibles que de la perte du montant de leur intérêt dans la société et dans le capital social ;

Qu'en effet, c'est par le fait de cette circonstance seulement que la société n'est plus qu'une société de capitaux dans laquelle les capitaux seuls se trouvent engagés, et qui, par cela même, appelle une surveillance spéciale et ne peut exister qu'avec l'autorisation du Gouvernment ;

Attendu qu'il résulte de l'arrêt attaqué que les adhérents aux deux sociétés d'Ostrevent et de St-Julien étaient personnellement responsables ;

Qu'en effet, d'après les termes des contrats de société, les sociétaires, et non la société en termes abstraits, réunis sans aucun but de lucre ni de spéculation et seulement pour établir la répartition entre eux des pertes individuelles, déclaraient garantir réciproquement leurs bateaux et leurs chargements contre tous dommages jusqu'à concurrence d'une somme déterminée ; qu'ils s'obligeaient à former, soit au moyen d'une mise d'entrée, soit au moyen de cotisations proportionnelles à leur chargement, un fonds affecté au paiement des indemnités, et que de plus il était dit que si des accidents exigeaient une mise de fonds extraordinaire, elle serait établie en raison de la capacité des bateaux ;

Qu'il était encore établi que les associés, même en se retirant à l'expiration de l'une des périodes triennales établies pour la durée de la société, paieraient leur part des dettes, s'il en existait alors ;

Que les associés étaient donc tenus personnellement et non pas seulement le capital social, et qu'ils étaient tenus au delà même de ce capital, soit par l'obligation de verser une cotisation extraordinaire, si elle était exigée par les événements, soit par l'obligation de concourir au paiement des dettes en se retirant de la société ;

Que ces circonstances sont exclusives de l'existence

d'une société anonyme, et que, dès lors, les syndics et le receveur chargés d'administrer la société n'étaient plus que les représentants, non pas d'un capital social, mais d'associés connus et dénommés, et obligés personnellement, et qu'ils pouvaient, par conséquent, agir régulièrement, même en justice, en vertu de ce mandat ;

Qu'en le jugeant ainsi, l'arrêt attaqué n'a violé ni les articles 1873 du Code Napoléon, 37 du Code du commerce, 61 et 63 du Code de procédure civile, ni aucune autre loi ;

Par ces motifs, rejette, etc.

Par cet arrêt de la Cour de cassation, la légalité de l'existence des sociétés batelières est définitivement consacrée ; toutes les prétentions fondées sur la ruine de ces sociétés sont mises à néant ; les vœux émis par le Syndicat de la marine du Nord dans sa séance du 16 décembre 1861, et par le Conseil général du département du Nord, dans sa dernière session, se trouvent complètement réalisés.

IMP. B. HENRY.

II.

CHAMBRE SYNDICALE DE LA MARINE DU NORD

Séance du 30 Novembre 1862.

RAPPORT ET DÉLIBÉRATION

SUR LA QUESTION

DU

PILOTAGE EN BELGIQUE

LETTRE

de Son Exc. M. le Ministre de l'Agriculture, du
Commerce et des Travaux publics

du 15 Décembre 1862.

VALENCIENNES
IMPRIMERIE DE B. HENRY, MARCHÉ-AUX-POISSONS, 2.

1862

CHAMBRE SYNDICALE DE LA MARINE DU NORD

Séance du 30 Novembre 1862.

RAPPORT ET DÉLIBÉRATION

SUR LA QUESTION DU

PILOTAGE EN BELGIQUE

Messieurs,

Vous avez eu la satisfaction de voir appuyées par le Conseil général du Nord ou accueillies par l'autorité supérieure les demandes que vous avez faites dans l'intérêt de la Marine.

Ainsi particulièrement de vos vœux relatifs à la gratuité du parcours des voies navigables et du rachat des canaux, — de vos réclamations concernant les droits de navigation perçus sur les grains, farines et farineux exportés, — de vos observations touchant l'existence légale des Sociétés d'assurances batelières.

Non-seulement l'ensemble des vœux émis par le Conseil général, dans sa dernière session, sont concordants avec les vôtres (1), mais sur la dernière et très-grave question, ce Conseil, en recommandant « *le travail de* » *la Chambre syndicale* » comme étant « *plein de con-*

_____

(1) Procès-verbal des délibérations du Conseil général du Nord, dans la session de 1862, p. 531.

» *sidérations judicieuses*, » signale la haute convenance
de « *bien faire définir l'existence légale des Sociétés d'as-*
» *surances mutuelles contre les risques de la Naviga-*
» *tion* (1). »

C'est surtout « *au point de vue de l'application et du*
» *perfectionnement des règlements de police de la Navi-*
» *gation*, » que le savant rapporteur au Conseil général
estime que « l'on peut espérer de grands résultats de
» l'institution du Syndicat de la Marine (2). »

Avant que cette appréciation du Conseil général ne
vous fût connue, vous aviez déjà élaboré et transmis à
MM. les Ingénieurs en chef Gosselin, Kolb et Legrand,
un Mémoire complet sur les questions fondamentales de
la police du halage et du trématage.

C'est encore une question de police de la Navigation
qui fait l'objet de ce Rapport, mais c'est une question
spéciale et qui concerne la Belgique.

Il y a, vous le savez, pour la Navigation intérieure une
étroite solidarité entre la France et la Belgique. La mission du Syndicat, suivant ses statuts, s'étend à la Marine
du nord de la France et de la Belgique, — et vous
comptez parmi vos membres d'honorables syndics ap-
partenant à ce royaume.

En France, il serait presque inutile de le rappeler ici,
depuis la mémorable nuit du 4 août 1789, tous les priviléges et notamment ceux des maitrises, des jurandes
et des corporations ont été abolis.

Les anciennes corporations batelières elles-mêmes, si
florissantes à Condé et dans le Nord, ont eu le sort de
toutes les institutions privilégiées, seigneuriales et féo-
dales.

« Nous devons à tous nos sujets, disait le roi Louis XVI
» dans le préambule de l'édit de février 1776, qui sup-
» prima les corporations et les jurandes, nous devons
» leur assurer la jouissance pleine et entière de leurs
» droits; nous devons surtout cette protection à cette

(1) Rapport sur la Navigation intérieure, par M. Kulmann, dans
la même session, p. 635.
(2) Ibidem, p. 635.

» classe d'hommes qui n'ayant de propriété que leur tra-
» vail et leur industrie ont d'autant plus le besoin et le
» droit d'employer dans toute leur étendue les seules
» ressources qu'ils aient pour subsister.

» .... *Toutes les classes de citoyens sont*
» *privées du droit de choisir les ouvriers qu'ils voudraient*
» *employer et des avantages que leur donnerait la con-*
» *currence...........*

» Dieu en donnant à l'homme des besoins, en lui ren-
» dant nécessaire la ressource du travail, a fait du droit
» de travailler la propriété de tout homme...... Nous
» regardons comme un des premiers devoirs de notre
» justice et comme un des actes les plus dignes de notre
» bienveillance d'affranchir nos sujets de toutes les
» atteintes portées à ce droit *inaliénable* de l'humanité.
» — Nous voulons en conséquence abolir ces institu-
» tions arbitraires, etc......... »

Ces principes fondamentaux qui sont en quelque sorte
la charte du travail ont passé dans la loi du 2 mars 1791
qui porte, en son article 7 : « Il sera libre à toute per-
» sonne de faire tel négoce ou d'exercer telle profession,
» art ou métier qu'elle trouvera bon. »

Tous les auteurs et les jurisconsultes belges sont una-
nimes sur ce point que la loi de 1791 est restée dans la
législation de la Belgique après sa séparation de la
France.

Néanmoins, quoiqu'abolies en droit, d'anciennes corporations locales de halage et surtout de pilotage se
sont en fait, sous la protection de certaines municipalités,
maintenues en Belgique, notamment à Gand et plus
abusivement que partout ailleurs à Tournai.

Les *Francs* de Gand et de Tournai, c'est ainsi
qu'ils continuent à s'appeler, avaient sous le titre de
corporation, le privilége exclusif de conduire les bateaux
à la descente du haut et du bas Escaut. Après la Révolution, suivant une brochure belge publiée par un jurisconsulte de Tournai dévoué aux intérêts de la Marine (1),

_____

(1) Aperçu critique du projet de règlementation du pilotage et du
halage sur les canaux et rivières. 1855. Tournai, typographie
d'Adolphe Delmée, p. 13.

des ouvriers rivaux qui se sont formés à Wetteren, à Antoing, etc., etc., sont préférés aux pilotes de Gand et de Tournai. — Ces derniers ne dirigent guère plus les bateaux que dans leur propre ville et sur les eaux voisines où ils ont maintenu leurs anciens priviléges, et ces priviléges ils ont la prétention de les transmettre héréditairement.

Dans la traversée, en amont et en aval de ces villes, capables ou non, ne présentant pour la plupart d'autre garantie d'aptitude que celle de la descendance, quelques-uns encore imberbes et inexpérimentés, tous se soutenant et se prêtant main-forte, en provoquant des querelles, des rixes et de graves désordres dont les tribunaux de Gand et de Tournai n'ont que trop souvent à connaître, ces *Francs* s'imposent, même par la violence, aux bateliers, envahissent les bateaux sans droit ni qualité et violent ainsi en quelque sorte un domicile aussi respectable que tout autre ;....... et pour ce pilotage forcé, alors même qu'il est insuffisant à cause de l'inaptitude du *Franc*, ou inutile par la présence à bord d'un autre pilote libre, ils prélèvent à chaque instant sur le pauvre batelier et par suite sur le commerce, une véritable et lourde rançon.

Mais, Messieurs, ces bateliers qui ont toujours tenu le gouvernail d'une main sure et exercée, qui ont passé leur vie sur l'Escaut et qui par conséquent ont appris à bien connaître ce fleuve, ces bateliers de l'Escaut sont en grand nombre des mariniers français.

De nombreux pilotes français conduisent concurremment avec les pilotes belges les bateaux sur l'Escaut.

Si les francs pilotes de Tournai et de Gand excluent brutalement nos libres et habiles pilotes français, malgré la volonté des mariniers français et belges, faudra-il, et c'est là, remarquez-le, une des craintes exprimées par le jurisconsulte belge dans la brochure citée plus haut, faudra-il en France recourir à des voies de réciprocité « vis-à-vis *des trente mille belges qui travaillent régu-* » *lièrement dans notre pays, sans compter les moisson-* » *neurs qui s'y rendent chaque année ?* »

La France ne saurait vouloir user de semblables représailles qui jetteraient la perturbation dans le commerce, l'industrie et l'agriculture, et la Belgique avec laquelle nous avons récemment conclu un traité de commerce ne peut être disposée à rendre ces mesures nécessaires.

Quoi qu'il en soit, il serait bien facile de tracer ici le tableau complet des abus, des exactions et des violences dont le franc pilotage de Tournai et de Gand est la source. La Belgique a elle-même peint ce noir tableau de main de maître, et il suffirait pour l'exposer tout entier d'ouvrir l'*aperçu critique* précité et une autre brochure publiée à Tournai en 1855 à la librairie Delmée sous le titre d'*Observations sur un projet de loi relatif à la règlementation du pilotage et du halage des bateaux sur les canaux et rivières*.

Ces critiques et ces observations étaient cependant justes et fondées puisque le projet de loi qui semblait donner une sorte de consécration légale aux corporations de francs pilotes belges fut repoussé par les chambres, de sorte qu'aujourd'hui ce franc pilotage si préjudiciable à la Marine et au Commerce, a contre lui, en Belgique même, non-seulement l'opinion des mariniers et de tous les hommes intéressés à la prospérité de la navigation et de l'industrie, mais le suffrage des représentants légaux du pays.

Mais cet abus antique et vivace, maintenu et protégé dans quelques localités, bien qu'il soit contraire à tous les intérêts généraux, comment le déraciner ?

Il nous semble, Messieurs, que le moyen le plus efficace, ce serait de rappeler très-amicalement à la Belgique les dispositions de nos traités internationaux et particulièrement de lui signaler la facilité et les heureux effets de la suppression en France de semblables mais moins abusives associations dans des conditions tout à fait analogues.

Le traité de navigation et de commerce entre la France et la Belgique du 17 novembre 1849 (1), est ainsi conçu en ses articles 1 et 13 : — « Il y aura pleine et entière » liberté de commerce et de navigation entre les habi-

(1) Bulletin des lois, Xe série, t. V, 1850, p. 98.

» tants des deux pays; ils ne payeront à raison de leur
» commerce et de leur industrie, dans les ports, villes
» ou lieux quelconques des deux Etats, soit qu'ils s'y
» établissent, soit qu'ils y résident temporairement, des
» droits, taxes ou impôts, sous quelque dénomination
» que ce soit, autres ou plus élevés que ceux qui se per-
» cevront sur les nationaux; — et les priviléges, immu-
» nités et autres faveurs quelconques dont jouissent, en
» matière de commerce, les citoyens de l'un des deux
» Etats seront communs à ceux de l'autre.
» Les stipulations qui précèdent (art. 1, 2, etc.) s'ap-
» pliquent tant à la navigation par rivière et par canaux
» qu'à la navigation maritime. »

Evidemment, comme la taxe abusivement et forcément perçue par les francs pilotes de Tournai et de Gand
frappe les mariniers belges aussi bien que les mariniers
français, il n'y aurait pas lieu de ce chef à invoquer les
dispositions de l'article premier du Traité de navigation;
— mais ce Traité pose, d'une manière fondamentale, le
principe d'une pleine et entière liberté de navigation
dans les deux pays et incontestablement le pilotage abusif et forcé à Tournai et à Gand est une grave atteinte à
cette liberté. En outre, le dernier paragraphe du premier
article du Traité garantit aux citoyens de l'un des deux
Etats la jouissance des priviléges et immunités assurés aux
citoyens de l'autre Etat. — Or, en France, les mariniers
belges jouissent, en toute sécurité, sous la protection de
la justice et de l'administration, du privilége et de l'im-
munité de n'être soumis à aucune formalité, aucune
mesure, aucun droit de pilotage ou de navigation qui ne
soient ordonnés ou autorisés par les lois et règlements.
— Pourquoi n'en serait-il pas de même en faveur de nos
mariniers nationaux contre les violences et les exactions
des francs pilotes belges?

Dans la ville de Condé, centre de navigation intérieure
et siége de la Chambre syndicale, existait de temps immémorial, non une corporation héréditaire, il est vrai,
mais une sorte d'association de hâleurs à bras, de pilotes, de triquenaires. — Presque toute la population
nécessiteuse de la ville organisée de fait en association

au nombre de sept à huit cents membres, avec ses chefs et ses receveurs, était occupée à ce genre de travail ; — elle percevait annuellement, à titre de salaires de la traction des bateaux de Condé à l'écluse de Fresnes, une somme qui en moyenne n'était pas évaluée à moins de 60,000 francs par an, et qui grevait abusivement la marine et le commerce. Toute tentative d'établissement du halage par chevaux avait échoué et c'était une opinion très-accréditée que si des charretiers et des attelages se présentaient, gens et bêtes iraient à la rivière.

Cependant l'autorité française convaincue que c'était là une atteinte à la liberté de la navigation et du commerce français et belge et un tribut abusif qui leur était imposé, résolut de mettre fin à cet état de choses. — On s'entendit avec des haleurs par chevaux auxquels on promit sûreté et protection ; — le 15 janvier 1853, le Sous-Préfet, les autorités locales, des gendarmes et quelques piquets de dragons se rendirent au port et sur la digue. Le halage par chevaux fut établi et le halage à bras auparavant obligatoire et forcé, non-seulement cessa dès ce jour, mais il n'a jamais été rétabli ni employé depuis.

Qui n'eut pensé que cette perte considérable de salaires n'eut été écrasante pour la population laborieuse de Condé et n'eut imposé de bien lourds sacrifices au bureau de bienfaisance ?

En fait, la population, au lieu de rester comme auparavant presque entièrement oisive, s'est portée au travail ; loin de s'accroître, le nombre des pauvres a diminué et, ce qui est à noter, la mendicité a été abolie dans la ville de Condé.

Cependant des ouvriers du port agréés par la douane, sous le nom de foreurs, des passeurs de ponts et d'écluses appelés triquenaires, des pilotes étaient nécessairement et utilement restés. L'administration municipale de Condé, il y a quelques années, voulut réglementer ce service, déterminer le mode de présentation et de nomination, tarifer les salaires, en un mot régler la police du port.

Un règlement municipal fut édicté et approuvé par l'autorité préfectorale.

On craignit que ce règlement ne pût autoriser des
atteintes à la liberté de l'industrie et qu'il ne sauve-
gardât pas suffisamment les intérêts du commerce. Des
observations furent adressées par des Chambres de commerce et particulièrement par celle de Mons et, sur ces
simples observations, portant jusqu'au scrupule le respect
de la liberté et des intérêts de l'industrie et du commerce
français et belge, les autorités supérieures et locales s'en-
tendirent pour retirer le règlement.

Ces précédents, Messieurs, nous autorisent à espérer
que la Belgique comprendra qu'il est de son intérêt
comme du nôtre de mettre fin aux abus du franc pilotage
et qu'elle répondra à nos loyaux procédés par une libérale
réciprocité.

Il suffirait sans doute que les faits exposés et les considérations présentées dans ce rapport fussent signalés à
l'attention de nos consuls à Tournai et à Gand pour que
leur intervention même officieuse amenât le résultat dé-
siré.

Déjà, sur une simple réclamation contre le droit de
2 francs par tonne que le Gouvernement belge exigeait,
au passage de l'écluse de Comines sur la Lys mitoyenne,
de tous les bateaux transportant des pierres, de la houille
et de la chaux, quelle que fût l'origine de ces matières,
ce Gouvernement reconnaissant que la taxe dont il s'agit
était contraire aux dispositions de la convention du 27
août 1839, en tant qu'elle s'applique aux produits français, vient libéralement d'admettre en principe la justice
des demandes en restitution des droits indûment payés.

C'est là pour la marine et le commerce un résultat
précieux dont ils se tiendront reconnaissants envers les
deux Gouvernements.

Le même esprit d'équité ne saurait manquer de faire
accueillir par le Gouvernement belge les observations qui
lui seraient adressées par le Gouvernement français au
sujet du pilotage à Tournai et à Gand et ce sera pour la
marine française et belge un motif nouveau de profonde
gratitude envers les gouvernements des deux pays.

Après discussion et délibération, la Chambre syndicale,

à l'unanimité, approuve le rapport qui précède, en adopte les conclusions et charge le bureau de le transmettre à M. le Ministre de l'agriculture et du commerce, en suppliant Son Excellence de vouloir bien provoquer, soit officiellement, soit officieusement par de simples observations de nos consuls à Tournai et à Gand, la réformation d'abus également préjudiciables à la navigation et au commerce de la France et de la Belgique.

MINISTÈRE
de l'Agriculture, du Commerce
et des Travaux publics.

DIRECTION
DU COMMERCE EXTÉRIEUR

BUREAU
de la
*Législation des Douanes
étrangères.*

BELGIQUE

ABUS DU PILOTAGE DANS
CERTAINS PORTS.

RÉCLAMATION

Paris, le 15 Décembre 1862.

MONSIEUR,

Par la lettre que vous m'avez fait l'honneur de m'écrire le 5 de ce mois, vous me transmettez un rapport et une délibération de la Chambre syndicale de Condé-sur-l'Es-l'Escaut, concernant l'abus du Pilotage dans certaines villes de Belgique.

J'envoie copie de ces pièces à M. le Minis-

tre des affaires étrangères, en recommandant votre réclamation à sa sollicitude.

Recevez, Monsieur, l'assurance de ma
considération distinguée.

*Le Ministre de l'Agriculture, du Commerce
et des Travaux publics,*

ROUHER.

IMP. B. HENRY.

III.

CHAMBRE SYNDICALE DE LA MARINE DU NORD

—

MÉMOIRE

ADRESSÉ A M. GOSSELIN, INGÉNIEUR EN CHEF DU SERVICE
DE LA NAVIGATION DE LA BELGIQUE VERS PARIS

—

QUESTION DU HALAGE, DU TRÉMATAGE, DU SERVICE DE NUIT

—

CONFÉRENCE DE CAMBRAI

VALENCIENNES

IMPRIMERIE DE B. HENRY, RUE DU MARCHÉ-AUX-POISSONS, 2.

1863

MÉMOIRE

ADRESSÉ A M. GOSSELIN, INGÉNIEUR EN CHEF DU SERVICE
DE LA NAVIGATION DE LA BELGIQUE VERS PARIS

Questions du Halage, du Trématage et du Service de nuit

CONFÉRENCE DE CAMBRAI

Condé, le 10 novembre 1862.

A Monsieur GOSSELIN, Ingénieur en chef du Service de la Navigation de la Belgique vers Paris.

MONSIEUR L'INGÉNIEUR EN CHEF,

L'accueil bienveillant que vous avez fait aux premières communications de la Chambre syndicale de la Marine du Nord est pour elle un encouragement à vous soumettre de nouvelles considérations sur les questions qui ont particulièrement fixé l'attention du Syndicat tout entier dans sa dernière assemblée générale.

Nous avons sous les yeux le rapport remarquable présenté au Conseil général, dans sa dernière session, par l'honorable M. Kuhlmann, et dans lequel sont consignés des faits de la plus haute importance pour notre marine. Comme vous, Monsieur l'Ingénieur en chef, et comme M. Kuhlmann, la Chambre est persuadée que la prospérité de l'industrie des transports, si étroitement liée à celle du commerce, dépend de ces trois conditions fondamentales : *économie, régularité, célérité.*

Economie d'abord, car sans elle la Batellerie du Nord aurait disparu depuis bien longtemps ; — Régularité, car si, dans aucun temps, le besoin de régularité s'est fait sentir, c'est bien aujourd'hui où aucune entreprise n'est soumise à autant d'irrégalurité et de vicissitudes que celle des transports ; — Célérité enfin, et nous pourrions certainement l'obtenir très - grande, si non d'une manière complète, si l'anarchie ne présidait actuellement sur toutes nos voies navigables, et à la traction des bateaux et à l'application des règles du trématage.

C'est sur ces deux derniers points principalement, Monsieur l'Ingénieur en chef, que la Chambre et le Syndicat de la Marine tout entiers désirent appeler votre attention.

HALAGE.

Dans le rapport adressé par la Chambre syndicale à M. le Préfet du Nord et communiqué par ce magistrat au Conseil général dans sa dernière session, la Chambre insistait d'une manière particulière pour obtenir du Conseil général un ferme appui dans ses réclamations auprès du Gouvernement, afin de mettre un terme à l'état impossible dans lequel se trouve actuellement le halage sur toutes nos voies navigables.

Respectant la liberté dont, paraît-il, M. le Ministre du commerce ne veut point se départir, nous demandions une réglementation sage de cette liberté. Sous la surveillance directe de Messieurs les Ingénieurs des ponts-et-chaussées, disions-nous, un service régulier pourrait être établi, obligatoire pour tous, sauf pour ceux ayant des chevaux à eux, ou traînant eux-mêmes leur bateau ; les charretiers et les cultivateurs seraient libres de s'inscrire au bureau du conducteur des ponts-et-chaussées le plus proche de leur localité ; une fois inscrits, leur service serait obligatoire pour un temps déterminé.

Les prix de traction seraient, sur les propositions de

la Chambre syndicale au nom de la Batellerie, et d'une commission nommée par les haleurs inscrits, contradictoirement fixés dans un tarif arrêté par M. le Préfet. On éviterait de la sorte ces encombrements et ces retards sans fin qui se produisent à chaque instant, et qui portent le plus grave préjudice à la batellerie, en lui enlevant ce que son frêt peut parfois avoir de rémunérateur et en la discréditant aux yeux de l'industrie et au commerce, en le privant de matières premières indispensables qui doivent arriver toujours dans un temps donné.

Tel était sur ce point, Monsieur l'Ingénieur en chef, l'ensemble des observations présentées par la chambre à l'autorité supérieure et au Conseil général. Nous avons l'honneur de les soumettre à votre bienveillante appréciation en vous adressant ci-joint un exemplaire imprimé du Mémoire de la Chambre.

TRÉMATAGE.

Une autre question tout aussi sérieuse, tout aussi importante, et sur laquelle nous avons attiré déjà l'attention de l'autorité, mérite également, Monsieur l'Ingénieur en chef, d'être prise en sérieuse considération. Il s'agit de la question du trématage, envisagée sous ses diverses phases. Dix-huit cents mariniers, dix-huit cents pères de famille sont venus, lors de la réunion générale du Syndicat le 25 août dernier, prier instamment la Chambre d'apporter tous ses soins à l'étude de cette question, les conditions de transport devenant impossibles par suite du désordre qui règne dans cette partie du service.

L'exercice du trématage donne lieu à de graves abus, non-seulement lorsqu'il a lieu sans autorisation, mais lors même qu'il est autorisé.

Trématage sans autorisation.

Les mariniers qui trématent abusivement sans autorisation sont : 1° ceux dont l'autorisation est périmée, et qui n'en continuent pas moins leur service comme cela

se pratique encore tous les jours ; 2° les mariniers qui
le plus souvent engagés par les précédents, sans jamais
avoir reçu d'autorisation, font néanmoins un service
accéléré comme s'ils étaient autorisés ; 3° les mariniers
qui n'exercent ordinairement le trématage que dans certaines circonstances. De ce nombre sont ceux qui ne
font le trématage de nuit qu'accidentellement, au point
d'encombrement et qui reprennent ensuite leur mode
ordinaire de voyager. Ce genre de trématage surtout
jette beaucoup de perturbation dans la régularité des
transports, augmente considérablement les frais de traction, comme la Chambre l'a démontré dans son rapport,
et loin d'accélérer la marche des bateaux ne fait toujours
dans les circonstances présentes que l'entraver.

En effet, en supposant qu'en moyenne il passe en un
jour vingt-quatre bateaux chargés avalant à Janville, par
exemple (Janville étant un point de jonction), il faut
donc vingt-quatre courbes de chevaux pour opérer leur
traction. Le soir, une partie de ces courbes est toujours
à même de se représenter au point de départ, pour trai-
ter avec les mariniers arrivés dans la journée, de la traction du lendemain. En admettant que sur les vingt-
quatre bateaux arrivés le soir, ce qui a toujours lieu pour
la seconde moitié des bateaux vers la fin de la journée,
douze mariniers traitent avec les charretiers pour navi-
guer de nuit et dépasser l'amas de bateaux qui les précèdent ; il ne se présentera jamais le lendemain de courbes en nombre suffisant pour qu'on puisse opérer d'une
manière régulière le service de jour. Il en est identique-
ment de même par rapport au pilotage. En résumé, le
trématage de nuit dans ces conditions n'a pour résultat
qu'une grande perturbation dans la marche des bateaux
et un grand accroissement de frais. Les charretiers et les
pilotes, voire même les éclusiers (puisque ces derniers
ont une prime de 40 centimes pour le passage d'un
bateau de nuit), sont seuls à profiter de tous ces désordres.

Il est évident qu'un halage bien organisé suffirait
pour anéantir ce genre de trématage abusif.

Ce n'est pas le travail qui rebute notre rude population. Le besoin d'économie, l'habitude d'une grande

activité lui imposent l'obligation d'user de la plus grande célérité pour ses transports tant dans son intérêt que dans celui du commerce ; mais ce qui la décourage et l'exaspère, c'est la fraude et la mauvaise foi, habilement exploitées par quelques uns, sous prétexte de servir les intérêts du commerce.

Ce n'est donc pas contre les décisions de Monsieur le Ministre du commerce du 19 novembre 1856, concernant le service de nuit que la Chambre et avec elle toute la Batellerie s'élèvent, mais contre les abus ruineux pour la marine qui se produisent dans l'application des règlements. Si le service de nuit n'existait pas, nous serions les premiers à en provoquer l'organisation. Seulement, la Batellerie est assez malheureuse, assez désorganisée actuellement pour que la Chambre se croie autorisée à demander, en son nom, qu'on ne laisse pas les mariniers se nuire entre eux.

Trématage avec autorisation.

Les bateaux du service régulier de la 2ᵉ et de la 3ᵉ classe dits accélérés et non accélérés sont souvent très-éloignés de remplir les conditions dans lesquelles ils doivent toujours se tenir suivant les règlements de police. Les propriétaires de bateaux du service régulier de 2ᵉ classe, des accélérés, qui doivent indiquer le nombre de bateaux employés, les lieux et jours de départ et d'arrivée, le mode de traction et les principaux points de stationnement, jouissent presque toujours du privilége de trématage en éludant la plupart des obligations qui leur sont imposées. Il n'existe pas pour eux de jour de départ et d'arrivée et leurs points de stationnement se multiplient selon leur bon plaisir. Ils ont donc tous les bénéfices de trématage, tout en n'en supportant qu'une partie des charges et, comme on l'a dit plus haut, bien souvent ils augmentent à volonté et sans aucune autorisation le nombre des bateaux qu'ils font participer au bénéfice du privilége.

Les mariniers faisant avec leurs bateaux le service non accéléré remplissent pour la plupart leurs engagements de la même manière. Il est telle écluse où nous pourrions prouver par des certificats signés de l'éclusier lui-même que des bateaux, contrairement à leur autorisation, ont stationné la nuit de six heures du soir à six heures du matin. Ces observations, la Chambre tient à le redire, n'ont point pour but de porter atteinte en quoi que ce soit à la célérité des transports, sa devise étant toujours *célérité, régularité* et *économie ;* elle demande seulement l'exécution complète des engagements pris comme étant le seul moyen de sauvegarder les intérêts de tous.

Trématage appliqué au transport de la Houille.

D'un autre côté, c'est avec le plus grand regret que la marine voit la mesure du trématage appliquée désormais au transport de la houille.

Le trématage, évidemment, n'a eu d'autre but en principe que de faciliter le transport des marchandises précieuses, de celles qui, par leur nature et par leur valeur, exigeant une plus grande célérité dans les transports peuvent supporter en même temps des frais plus considérables, cet accroissement de frais étant relativement fort peu de chose et étant grandement compensé par la célérité du transport. Il n'en est pas, il ne peut pas en être ainsi de la houille, marchandise de peu de valeur par elle-même et d'une immense consommation. Pour elle, les frais les plus minimes en augmentent bien vite considérablement la valeur et deviennent bientôt pour l'industrie une véritable source de gêne. Or, il est incontestable que le transport de cette marchandise par bateaux non accélérés se ferait pour la Batellerie et pour le commerce d'une manière bien plus dispendieuse, si cette mesure tendait à se généraliser. La Chambre sait de source certaine que ce principe admis aujourd'hui, la Batellerie du Nord toute entière demandera demain l'autorisation pour jouir du privilége de ce trématage. En effet, les conditions du transport de la houille ne seront plus possibles pour elle qu'autant qu'il y aura entre tous ses membres une parfaite égalité dans ces mêmes conditions. Quelles seront dès lors les conséquences d'une pareille situation ; une lutte acharnée entre les pauvres mariniers, un encombrement sans précédent des bateaux aux écluses, des frais de traction et de pilotage qu'il serait dès aujourd'hui impossible de prévoir. La Batellerie dans son état actuel ne pourrait résister longtemps à un état de choses aussi desespérant et le commerce ne tarderait pas à ressentir le contre-coup de cette désorganisation. Il serait beaucoup plus utile et plus sage de procéder avec ordre et avec prudence dans la distribution des priviléges de trématage et de demander la régularité, la célérité, l'économie dans les transports, à la régularisation, au perfectionnement graduel du service de traction, au développement et au bon entretien des voies navigables.

Trématage des bateaux vides et des bateaux chargés aux Écluses.

Suivant le même ordre d'idées, la Chambre appelle également votre attention, Monsieur l'Ingénieur en chef, sur le trématage aux écluses des bateaux vides avec chevaux sur des bateaux vides sans chevaux. Qu'en pleine marche le bateau qui va le plus rapidement devance ceux qu'il rencontre sur sa route, très-bien ! Mais aux portes des écluses, là où avec chevaux ou sans chevaux il y a stationnement forcé, quel droit peut invoquer un bateau vide pour passer un autre bateau vide ! L'intérêt du commerce ne peut même pas être mis en jeu. Toutefois, il semble qu'il doive être admis une exception en faveur des bateaux chargés rémontant avec chevaux et ayant au moins un quart de charge. Il est bien entendu qu'il n'est pas ici question de céréales et d'autres marchandises précieuses qui ont toujours le privilége de trématage. Cette condition du quart de charge a pour but d'empêcher une fraude qui a souvent été employée. Un marinier, propriétaire de plusieurs bateaux, affrêtait un de ses bateaux pour le transport de marchandises légères (de la paille par exemple), et répartissait ensuite ce chargement sur tous ses autres bateaux. Au moyen d'une disposition plus ou moins ingénieuse ces bateaux parais-

saient chargés et trémataient ainsi tous les autres et
parfois quatre à cinq cents bateaux jusqu'à leur destination.

CHOMAGE.

Enfin, Monsieur l'Ingénieur en chef, la Chambre et
tout le Syndicat de la Marine se reposent entièrement
sur votre sollicitude pour la sauvegarde des intérêts de
notre Marine du Nord.

Elle vous prie de faire en sorte que, dans la mesure
du possible, il y ait à l'avenir entente complète préalable
entre les gouvernements français et belge pour la fixation de la durée des époques du chômage. Elle vous
demande, également, toujours dans la mesure du possible, que, lorsqu'une interruption partielle d'une assez
longue durée sera décidée sur une ligne, elle soit désormais complète. La batellerie comme le commerce ne
retirent aucun profit de cette circulation partielle qui
équivaut presque toujours à un véritable chômage. Leurs
intérêts en sont plutot lésés, puisque l'un et l'autre
comptent sur des probabilités qui ne se réalisent pas.

Pour parfaire ces mesures, la Marine vous demande
encore qu'une publicité préalable aussi grande que
possible soit donnée aux époques, une fois déterminées,
du chômage.

Trop faible pour sortir à elle seule de la crise qui la
travaille, la Batellerie du Nord a recours en toute confiance à votre expérience de la marine et à votre solli-
tude pour tout ce qui se rattache à ses intérêts.

Les faits qui viennent de vous être signalés sont de
nature à être pris en sérieuse considération, et la Chambre ose espérer qu'ils seront de la part de votre administration l'objet d'études complètes. Quelle que soit
ensuite la décision qui interviendra, elle ne pourra manquer sur beaucoup de points d'être favorable à l'industrie des transports et d'apporter quelque bien-être à la
population marinière.

Dans cet espoir, veuillez agréer l'assurance des senti-

ments respectueux et par avance reconnaissants avec
lesquels nous avons l'honneur d'être,

Monsieur l'Ingénieur en chef,

Vos tout dévoués serviteurs.

POUR LA CHAMBRE :

Le Secrétaire,	Le Vice-Président,	Le Président,
M. WATTIAU.	F. MIROIR.	J. DEFLINE.

CHAMBRE SYNDICALE DE LA MARINE DU NORD

CONFÉRENCE DE CAMBRAI

le 13 Janvier 1863.

Après avoir accusé réception du mémoire qui précède,
M. Gosselin, ingénieur en chef du service de la navigation de la Belgique vers Paris, par une lettre en date du
6 décembre 1862, a bien voulu provoquer avec le bureau
du Syndicat de la marine du Nord, une conférence qui a
eu lieu le 13 janvier 1863, à Cambrai, dans le cabinet
de M. Lermoyer, ingénieur ordinaire de la navigation.

A cette conférence, présidée par M. l'ingénieur en
en chef, assistaient M. l'ingénieur ordinaire, M. d'Artois,
délégué de la Chambre syndicale de Paris, le président,
le secrétaire et deux membres de la Chambre syndicale
de la marine du Nord.

HALAGE.

La question principale, traitée dans le mémoire de la Chambre, est celle de l'organisation du halage.

Sur ce point, M. l'ingénieur en chef pose péremptoirement et sans discussion ce principe, que sous le régime de la liberté commerciale et industrielle, inauguré par le gouvernement impérial, c'est à l'industrie marinière et à elle seule qu'il appartient d'organiser ce service.

En ce qui concerne la marine du Nord, M. l'ingénieur en chef estime que la Chambre syndicale, qui représente cette marine tout entière, est appelée, de concert avec ses commettants, à résoudre directement cette importante question.

La Chambre sait que cette organisation du halage est un des buts principaux de sa mission, et ce but, elle ne négligera rien pour l'atteindre.

Toutefois, elle pense que si les voies d'eau doivent être libres comme les voies de terre, il ne doit pas moins exister une police pour les premières, comme il en existe une pour les secondes.

Un mémoire dans ce sens sera incessamment adressé par la Chambre à Son Excellence M. le Ministre du commerce et des travaux publics.

Fixée sur ce point primordial et éclairée par la discussion approfondie qui a eu lieu sur toutes les branches du service de la navigation dans la conférence de Cambrai, la Chambre espère arriver par ses démarches persévérantes et ses études assidues, à faire singulièrement avancer, sinon résoudre, la question de l'organisation du halage pour l'époque de la prochaine assemblée générale du Syndicat de la marine du Nord.

TRÉMATAGE.

M. l'ingénieur en chef a passé ensuite en revue les diverses questions soulevées dans le mémoire concernant le trématage.

L'imperfection du mode de traction actuel a donné

naissance à des abus que M. l'ingénieur en chef se propose de détruire avec le temps.

SERVICE DE NUIT.

Les bateaux faisant le service de nuit devront à l'avenir se conformer aux règlements sur la matière, dont les dispositions n'ont été malheureusement que trop souvent éludées.

Les bateaux qui auront obtenu l'autorisation de faire ce service, seront tenus de le faire depuis le commencement jusqu'à la fin de leur voyage.

SERVICE AUX ABORDS DES ÉCLUSES.

M. l'ingénieur en chef reconnaît également qu'il n'est pas juste que des bateaux arrivant aux écluses prennent des chevaux à ce seul moment, dans le but de devancer l'amas de bateaux qui peut se trouver près de ces écluses.

M. l'ingénieur en chef se propose de prendre les mesures nécessaires pour que de semblables abus ne se produisent plus à l'avenir.

Relativement au trématage des bateaux chargés sur les bateaux vides aux écluses, M. l'ingénieur en chef avait décidé, avant toute demande de la part de la Chambre, qu'il était convenable de faire passer un bateau chargé sur deux bateaux vides.

La position de la Batellerie du Nord sera donc désormais régularisée sur les deux points qui touchaient directement et à la *régularité* et à l'*économie* des transports.

Pour faciliter la *célérité*, M. l'ingénieur en chef se propose de prolonger la manœuvre de jour en hiver de six heures du matin jusqu'à huit ou neuf heures du soir aux écluses où par suite de l'encombrement des bateaux, cette prolongation de travail sera jugée nécessaire.

Il espère également obtenir avec le temps du gouvernement que des fonds soient alloués pour créer des syphons dans les écluses de manière à ce que l'eau refoulée par le bateau, ayant un écoulement plus facile, on arrive ainsi à une rapidité plus grande dans les manœuvres.

TRANSPORT DE LA HOUILLE
par bateaux du service non accéléré.

Quant à la question du transport de la houille par des bateaux du service accéléré, ou par ceux du service non accéléré, M. l'ingénieur en chef déclare que l'Administration ne peut que suivre la règle d'admettre au service accéléré ou non accéléré tous les mariniers qui seront en mesure de remplir les conditions de ces services, et de tenir pour tous la main à l'exécution de ces conditions, quelle que soit d'ailleurs la nature du chargement.

BATEAUX ACCÉLÉRÉS.

Le service des transports par bateaux accélérés fait ensuite l'objet de la discussion.

M. l'ingénieur en chef admet que les bateaux faisant ce service doivent avoir des plaques fixes, faire inscrire les bateaux qu'ils emploient, en un mot se conformer aux règlements. Mais il ajoute que les services rendus par les tansports accélérés tant au commerce qu'à la batellerie elle-même, en conservant à cette dernière des marchandises que les chemins de fer lui auraient enlevées depuis longtemps, méritent d'être pris en sérieuse considération et doivent être encouragés.

La Chambre reconnaît sincèrement les avantages réels, même au point de vue de la Batellerie, du service accéléré, et loin de l'entraver, elle voudrait pouvoir lui venir en aide.

Développer la Batellerie, transporter le plus possible et le plus vite possible, tel est son but.

Ce qu'elle demande, c'est que pour ménager la transition et faciliter une réorganisation dont tout le monde reconnaît la nécessité, l'Administration continue à donner avec sollicitude tous ses soins à ce que la situation actuelle ne s'aggrave pas.

Un abus toléré est non-seulement un mal par lui-même, mais il engendre une infinité d'autres abus.

A tous ces points de vue, la Chambre syndicale de la

marine du Nord se trouve extrêmement heureuse d'être
en parfait accord d'idées avec M. l'ingénieur en chef de
la navigation.

CHOMAGE.

En terminant cette conférence, M. l'ingénieur en chef
fait observer que la question des chômages n'est point
de sa compétence.

La Chambre se propose en conséquence d'adresser à
qui de droit les réclamations qu'elle avait formulées déjà
dans le mémoire qui précède.

IMP. B. HENRY.

IV.

SYNDICAT DE LA MARINE DU NORD

A CONDÉ-SUR-ESCAUT

PÉTITION

ADRESSÉE AU SÉNAT

VALENCIENNES

IMPRIMERIE DE LOUIS HENRY, MARCHÉ-AUX-POISSONS, 2.

1867

©

CHAMBRE SYNDICALE

SECRÉTARIAT GÉNÉRAL
Grande Rue, n° 11, à Condé (Nord)

NAVIGATION INTÉRIEURE

GRATUITÉ
du parcours des voies navigables.

LOI SUR LA POLICE
de la Navigation intérieure.

PIÈCES JOINTES :

1° Rapport sur la gratuité du parcours des voies navigables.

2° Rapport sur le système de touage
à vapeur proposé par M. Bouquié.

3° Rapport sur l'application de la
vapeur à la traction des bateaux.

SYNDICAT DE LA MARINE DU NORD

A CONDÉ-SUR-ESCAUT

PÉTITION

ADRESSÉE AU SÉNAT

MONSIEUR LE PRÉSIDENT,

MESSIEURS LES SÉNATEURS,

L'Empereur, dans le discours prononcé du haut du trône, le 14 février dernier, dans la séance d'ouverture de la session législative, a signalé en première ligne, parmi les améliorations qui doivent être les objets principaux de sa sollicitude et de celle des Sénateurs et des Députés « *le prompt achèvement des voies de navigation* » *intérieure.* »

Lorsque S. M. qui daigne étudier Elle-même toutes les questions qui intéressent la prospérité de la France, a proclamé ainsi l'importance de la navigation intérieure, insister sur la nécessité de la mesure indiquée par l'Empereur, auprès des Sénateurs éclairés par les discussions qui ont eu lieu dans son sein, spécialement sur la pétition du Comité des houillères du Pas-de-Calais, ce serait manquer de sagacité et de discernement.

« *Le prompt achèvement des voies de navigation inté-* » *rieure,* » pour la Chambre syndicale de la Batellerie du Nord, qui a reçu de ses nombreux commettants le mandat exprès d'exposer au Sénat la situation et les besoins de la navigation intérieure, c'est le couronnement de l'œuvre dans un court délai, c'est la gratuité et le perfectionnement du parcours, c'est la liberté de l'industrie des transports par eau, c'est le régime du droit commun sous l'empire d'une loi générale de police.

Ces différents points de la question de l'achèvement des voies navigables peuvent être classés et étudiés séparément sous deux titres distincts : La situation économique et la situation morale de la Batellerie.

Le Sénat éclairé par le passé, maintient le présent et prépare l'avenir ; — s'il ne fait les lois actuelles, par ses discussions, ses rapports et ses renvois de pétitions au Gouvernement, il élabore les lois futures.

En soumettant donc humblement au premier Corps de l'Etat les considérations qui motivent les conclusions de la présente pétition, la Chambre syndicale du Nord se propose une double fin : Améliorer la position si digne d'intérêt de la Batellerie et faciliter les moyens d'atteindre l'un des grands buts de la politique impériale.

Situation économique.

Dans un rapport approuvé et adopté dans la séance du 23 septembre 1863 et adressé à S. Exc. M. le Ministre de l'agriculture, du commerce et des travaux publics, la Chambre syndicale a dressé, en quelque sorte, le bilan de la Batellerie de la France septentrionale et de la Belgique.

Ce rapport établissait à cette date, au point de vue économique, la situation exacte et vraie de l'industrie des transports par eau sur les lignes du Nord au moyen des chiffres de décompte de voyages relevés avec un soin scrupuleux et soumis au contrôle sévère et contradictoire des mariniers, des syndics les plus compétents et des ingénieurs de la navigation.

Sans doute, et la Chambre se hâte de le déclarer elle-même, depuis 1863, les frais généraux de transport, spécialement sur les rivières et les canaux du Nord, se sont abaissés, grâce aux améliorations apportées dans

le service de la navigation par MM. les Ingénieurs des
ponts-et-chaussées et au perfectionnement du matériel
de la Batellerie ; — mais par contre, l'élévation crois-
sante du prix des denrées alimentaires et de toutes les
choses nécessaires à la vie, l'augmentation des salaires
et les sacrifices temporaires faits par les compagnies de
chemins de fer dans la lutte écrasante qu'elles ont organisée et qu'elles maintiennent avec persévérance pour
détruire la concurrence de la Batellerie, rétablissent
certainement l'équilibre et, comme donnée générale, le
bilan de 1863 constate toujours exactement la situation
en 1867.

Aussi, pour faire ressortir l'urgence de la gratuité et
du perfectionnement du parcours, là surtout où la Batellerie fonctionne concurremment et parallèlement à des
chemins de fer, la Chambre croit devoir joindre à la
présente pétition pour faire un avec cette pièce, un exemplaire imprimé du Rapport du 23 septembre 1863 sur
la gratuité du parcours des voies navigables.

Sans doute encore, si un mode de traction des bateaux
plus célère remplaçait le halage par chevaux, si l'application de la vapeur à la navigation intérieure se généra-
lisait, — si, en fait et pratiquement, nos péniches, comme l'ont admis MM. les Inspecteurs généraux et le Conseil général des ponts et chaussées, pouvaient sous l'é-
nergique impulsion de la vapeur, arriver à ce merveil-
leux résultat de faire par an *dix voyages au moins et
avec retour de Mons à Paris*, en tenant compte de la nature des choses et de la destination spéciale de l'industrie
des transports par eau, c'est-à-dire, entre autres diffi-
cultés de ce service, de la durée des jours de planche qui
sont un des principaux avantages que la Batellerie offre
au commerce, — des chômages, — des grandes eaux,
— des sécheresses, — des gelées prolongées, — des
passages aux écluses si rapprochées sur les canaux du
Nord, — sans doute, si ce magnifique résultat pratique
était obtenu, toutes les bases des calculs et des études
de la Chambre syndicale seraient renversées et la Batellerie, cette vieille contribuable si lourdement chargée, la
Batellerie qui, par les droits de navigation a payé elle-
même et au delà la dépense de création et d'entretien

des canaux, pourrait, peut-être, rester grevée des taxes qui pèsent sur elle.

Mais d'abord, dans ce cas-là même, il est évident que la Batellerie débarrassée des entraves et des charges des perceptions fiscales et organisée dans des conditions de prospérité durable qui lui permissent d'entretenir parfaitement son matériel et d'appliquer à son industrie tous les perfectionnements dont l'art déjà si avancé de la construction est susceptible, ferait nécessairement bénéficier le commerce de la plus grande économie possible dans les frais de transport des marchandises, et concourrait ainsi de plus en plus efficacement à la prospérité générale du pays.

Toutefois, Messieurs les Sénateurs, dans une question aussi grave, il faut aussi se garder de prendre des illusions qui procèdent d'un louable esprit de progrès et qui ont été partagées par les autorités les plus compétentes, pour des réalités.

Les dix voyages annuels de Mons à Paris avec retour sont et resteront longtemps, la Chambre syndicale de la Marine du Nord en a la conviction, une de ces dangereuses illusions. Illusion d'autant plus dangereuse qu'en présence de la concurrence si difficile à soutenir par la pauvre Batellerie et cependant si indispensable entre les industries de transport par la voie ferrée et par la voie d'eau, on court le risque d'anéantir la Batellerie qui existe, qui marche, qui progresse et qui rend d'immenses services, pour une Batellerie de l'hypothèse et de l'avenir qui ne peut actuellement se constituer qu'à force de priviléges et d'un quasi monopole.

Ces vérités, la Chambre croit les avoir établies d'une manière incontestable dans deux documents dont l'un émane d'elle et dont l'autre a été rédigé par l'un de ses membres et avec son concours.

Ces documents sont : 1° Le rapport d'une commission d'enquête instituée par arrêté de M. le Préfet du Nord du 18 août 1864, concernant l'application sur la ligne de Mons à Paris d'un système de touage à vapeur proposé par M. Bouquié ; — 2° Un rapport à la Chambre syndicale sur l'application de la vapeur à la traction des bateaux sur les rivières et canaux.

La Chambre joint aussi ces deux pièces à la pétition qu'elle à l'honneur d'adresser au Sénat.

Le rapport sur le système Bouquié se trouve, page 70, au compte-rendu annuel ci-annexé des opérations de la Chambre syndicale présenté dans l'assemblée générale du 13 août 1865.

La perception des droits de navigation encourt encore dans l'état actuel des choses un autre reproche très-fondé. « Aucune modification, disait M. l'Ingénieur en
» chef Gosselin, dans un rapport adressé à M. le Préfet
» du Nord, n'ayant été introduite dans les tarifs, nous
» signalons de nouveau la complication et les anomalies
» qu'ils présentent. On ne s'explique pas pourquoi les
» marchandises passent d'une classe à l'autre, en chan-
» geant de voies navigables, ni pourquoi le droit acquitté
» par la houille est variable d'un canal à l'autre. Il faut
» espérer que le Gouvernement voudra apporter dans
» l'établissement des droits l'uniformité et la simplicité
» que réclament les besoins du commerce. »

Cette simplification serait, sans doute, au moins très-désirable ; mais la Chambre syndicale n'insiste pas, parce que, dépassant les vœux des ingénieurs de la navigation, elle croit que le rachat des canaux et que la suppression des droits de navigation sont devenus nécessaires.

Or, en regard de l'importance des résultats écono-miques de cette mesure, dont la Chambre a démontré l'urgence dans le premier document annexé, quel est actuellement le chiffre des droits ? 4,800,000 francs... Qu'on fasse déduction des frais de perception, à raison de 25 0/0 et l'on verra que le sacrifice demandé au Trésor public serait bien léger, en vue de l'immense bienfait de la gratuité.

Cette gratuité du parcours des voies navigables est une des plus importantes améliorations promises par le manifeste impérial du 5 janvier 1860.

Les droits de navigation sont une de ces entraves dont l'Empereur dans son admirable allocution du 25 janvier 1864 aux exposants français à Londres, fait espérer la suppression.

Toutefois et pour le cas où, contre l'attente anxieuse

de la Batellerie, la suppression des droits n'aurait pu être obtenue, la Chambre syndicale appelée le 7 juin dernier au Ministère des Finances à Paris, pour défendre les intérêts de ses commettants devant la Commission d'enquête, présidée par M. Barbier, conseiller d'État, a été, pour ce cas et sur la question de la réduction des droits et du mode d'application des tarifs, et reste d'avis qu'il y avait lieu « d'appliquer uniformément aux ca-
» naux les droits perçus actuellement sur les rivières,
» soit deux millimes par tonne et par kilomètre pour
» les marchandises de première classe et un millime
» pour les marchandises de deuxième classe. »

Le décret du 9 février 1867 intervenu à la suite de cette enquête, a apporté à la situation antérieure, surtout au point de vue de l'uniformité, des améliorations dont la Batellerie est profondément reconnaissante envers le Gouvernement impérial; mais ces améliorations la Chambre les considère comme un acheminement vers le régime normal de la gratuité des parcours sur la voie d'eau comme sur toutes les autres voies de circulation et de transport, et elle croit devoir persévérer dans ses vœux tendant à obtenir enfin cette gratuité nécessaire.

Mais à côté de la question de la gratuité du parcours, question d'existence pour la Batellerie en concurrence avec les chemins de fer, se posent deux autres conditions essentielles : la régularité et la célérité.

Si l'amélioration de la voie d'eau est une des conditions fondamentales dont l'accomplissement rendra la navigation intérieure plus régulière et plus rapide, il est une autre condition capitale, c'est celle de la bonne organisation de la traction.

Trois éléments concomitants mais distincts de la navigation sont *le bateau, la voie d'eau* et *le halage*.

Or, il est évident, comme on l'a établi ci-dessus, que placée par la suppression des droits de navigation dans des conditions favorables et rémunératrices, la Batellerie appliquera avant tout ses ressources au parfait entretien et au perfectionnement de la coque et des agrès du *bateau*.

La *voie navigable* appartient comme la voie terrestre à l'État, ou doit lui appartenir. C'est à l'État qu'incombe le devoir de mettre et de maintenir l'une et l'autre voie en bon état.

Cependant, pour ne citer qu'un fait, mais un fait décisif et caractéristique de l'état de la voie navigable en général, ce n'est que tout récemment qu'aux abords de la capitale, sur la Seine, entre Conflans et Paris, on a enfin mis sérieusement la main à l'exécution des travaux depuis longtemps étudiés, reconnus indispensables et décrétés, pour faire cesser l'interruption, à cause du manque d'eau en hiver et en été, de la navigation du Nord sur Paris, pendant cinq mois de l'année en moyenne.

Or, pendant ces interruptions qui ne se produisent que trop sur bien des points, par le défaut de mise et de maintien en bon état de la voie d'eau, la misère devient grande parmi les mariniers. L'excédent rémunérateur du fret, lorsqu'il y en a, est absorbé en entier et souvent au-delà par la perte de temps et par le transbordement des marchandises que le batelier est obligé d'opérer à ses frais pour arriver au terme du voyage.

Dans ces conditions, plus d'un est réduit à engager son bateau, le gagne-pain de sa famille, et jusqu'aux hardes de sa femme et de ses enfants pour attendre des temps meilleurs.

Le commerce ressent nécessairement le contre-coup de cette situation. Le long stationnement forcé des centaines de bateaux, pour la plupart chargés de charbon, qui restent aux portes de Paris, sans pouvoir y pénétrer, lèse les intérêts de l'industrie parisienne qui attend cette masse de combustible.

Le retard, la dépréciation de la marchandise par l'effet du transbordement font perdre les bénéfices que comportent les transports par eau. — Au prix de grands sacrifices, le commerce est obligé de prendre une voie plus coûteuse mais plus régulière et plus rapide.

Quant au *halage* ou au mouvement des bateaux, qu'il s'opère par la traction avec chevaux, par le touage sur chaîne immergée au moyen de locomobiles, ou par tout autre système de force animée ou mécanique, évidemment c'est à l'industrie d'y pourvoir.

Mais que le Sénat permette à la Chambre syndicale

de la Marine du Nord de proclamer devant lui cette vérité : Pour que les améliorations que l'on est en droit d'attendre de la navigation intérieure, sous le double rapport
du bateau et de la traction, au triple point de vue de la
célérité, de la régularité et de l'économie, se réalisent, il
faut que l'industrie et la science puissent appuyer leurs
combinaisons, leurs entreprises et leurs spéculations sur
une base certaine solide, en un mot sur un fondement
légal.

Cette base, ce fondement n'existent pas.

C'est ce que la Chambre va s'appliquer à démontrer
dans la seconde partie de cette pétition.

Situation morale.

Dans ses conditions essentielles d'activité, de régularité,
de célérité, la navigation intérieure reste actuellement
soumise au *régime discrétionnaire de l'autorisation administrative.*

« Les services réguliers, porte l'article 4, titre II des
» règlements sur la police de la navigation, ne pourront
» être établis qu'en vertu d'une *autorisation de l'admi-
» nistration et conformément aux conditions qu'elle aura
» prescrites.* »

Au lieu de déterminer d'une manière générale et pré-
cise les conditions d'admission au service régulier qui
jouit de priviléges d'une importance capitale, tels que
ceux de trématage et de priorité de passage aux écluses;
au lieu de seconder tous les efforts pour rendre régulier,
c'est-à-dire partant et arrivant à jour fixe, le service ordinaire qui comprend notre marine intérieure presqu'entière, le régime actuel a constitué dans la Batellerie,
d'une part, quelques entreprises particulières qui abu-
sent souvent des priviléges que leur confèrent les autorisations spéciales qu'elles ont obtenues en jetant parfois
la perturbation dans la navigation intérieure, sans réaliser en fait une plus grande célérité, et d'autre part,
une grande masse de mariniers, le plus souvent mécon-
tents et quelquefois découragés, dont l'initiative et l'activité sont paralisées par ces priviléges et ces abus.

Ce régime est évidemment l'obstacle à toute amélioration, la négation de tout progrès.

Des progrès !... pour soutenir la concurrence avec les
chemins de fer, la Batellerie a besoin d'en réaliser d'immenses en instruction technique du personnel, en perfectionnement du matériel, et organisation des moyens
de traction.

Or, peut-on espérer que des capitaux soient avan-
cés, que d'utiles essais soient tentés, que le niveau
intellectuel s'élève, que l'amélioration du matériel s'o-
père, que la Batellerie s'éclaire et s'émancipe, en un
mot que le progrès se réalise, lorsque, pour les bateliers,
les droits et les devoirs sont établis sur une base d'une
mobilité aussi grande que celle de l'élément sur lequel
ils exercent leur industrie ; — lorsqu'ils sont maintenus
en tutelle et en catégories, pour quelques-uns de privi-
légiés et, pour les autres, d'exclus ; lorsque, se fussent-
ils mis en mesure de réaliser un véritable progrès, ils
n'en auraient la licence qu'en vertu de *l'autorisation de
l'administration*, c'est-à-dire des ingénieurs qui, quels
que soient leur capacité et leur zèle, ne peuvent tout
voir, tout savoir, tout diriger et tout conduire ?

Il n'est jamais entré dans la pensée de la Chambre
syndicale, il est même tout à fait contraire à ses principes en économie politique de revendiquer pour la navigation intérieure le régime de la liberté absolue, de
l'affranchissement de toute police et de toute réglementation.

Si la Chambre demande la liberté du parcours, c'est la
liberté réglée, c'est spécialement le *droit de trématage
en réalisant une célérité kilométrique donnée*.

Une police est absolument nécessaire, mais une police
réglée, une police légale.

La police qui est réclamée par la Batellerie du Nord
toute entière, c'est une liberté qui ait sa source, sa sanction et les limites dans la loi : *sub lege libertas*.

L'œuvre du transport des marchandises est commune
au marinier et au haleur, elle s'opère pour l'un comme
pour l'autre sur le domaine public, soit en rivière, soit
sur la digue qui dépend de la rivière, par un véhicule et

par un attelage. — Il est donc évident que la réglementation de police doit s'étendre au haleur et à l'attelage comme au batelier et au bateau.

Cependant les règlements ne contiennent d'autres dispositions que celles qui déterminent le nombre des chevaux en raison du tonnage, de telle sorte que si, même au cours d'un voyage, par le fait du haleur dont la conduite réagit nécessairement sur le bateau qu'il traîne, des contraventions, des délits sont commis, c'est le batelier et le batelier seul qui est soumis à des poursuites.

Une police de la navigation et du halage sur les voies d'eau est aussi utile que la police des chemins de fer, que la police du roulage sur les voies terrestres.

Mais si la loi sur la police du roulage contient d'utiles mesures par rapport aux voitures et aux propriétaires de ces voitures, elle en édicte aussi, avec sanction pénale, qui concernent spécialement les charretiers, les conducteurs et les attelages, ou qui sont également applicables aux uns et aux autres.

Des lois dont l'esprit est en rapport avec les doctrines économiques inaugurées par le Gouvernement impérial, des lois et des réglements d'administration publique en exécution de ces lois déterminent donc tout ce qui est relatif à la police des chemins de fer, des routes impériales, départementales et de grande vicinalité.

Pour les fleuves et les rivières, ces chemins qui marchent, pour les voies de transport les plus anciennes, les plus économiques, et en tout temps les plus avantageuses à l'industrie et au commerce, pour la navigation intérieure, la législation a conservé pour bases primordiales des ordonnances et des arrêts du Conseil du XVIIe et du XVIIIe siècles et des lois de l'an X. Quant à la réglementation de police, il y est pourvu par de simples arrêtés préfectoraux.

En France, l'industrie des transports, dans ses efforts pour améliorer ses conditions et pour servir ainsi puissamment les intérêts du commerce, ne peut sans préjudice pour la chose publique, voir son initiative toujours paralysée par cette considération que toutes ses entreprises sont subordonnées à des *autorisations particulières*.

Sous le régime viril et fortifiant de la liberté légale toutes les autres industries ont grandi et se sont développées.

La Batellerie seule ne saurait être maintenue en enfance, en tutelle et en état de *barbarie*, suivant l'expression d'un ingénieur en chef des ponts et chaussées.

La police de la navigation intérieure, comme celle du roulage sur les routes terrestres, comme celle des voies ferrées, doit donc être réglée par une loi et par des règlements d'administration publique qui deviennent le code bien connu des droits et des devoirs de la Batellerie.

Conclusion.

Il est une vérité économique dont l'œil d'aigle de l'Empereur a tout d'abord saisi la portée et dont les populations reconnaissent chaque jour davantage la réalité, c'est que le système prétendu protecteur ne protégeait rien. Ce régime sacrifiait les intérêts de la consommation et servait mal les intérêts de la production. Par les prohibitions et les restrictions douanières, il ôtait à l'industrie nationale la conscience de sa grandeur et de sa force, arrêtait son essor et comprimait son extension, en la posant à ses propres yeux, et devant le monde entier comme étant dans un état sinon d'impuissance au moins d'infériorité.

Mais le régime d'utile concurrence et de sage liberté commerciale heureusement inauguré par le Gouvernement impérial ne produira tous ses fruits et ne répondra complètement à l'attente du pays que lorsque les différentes industries du transport des marchandises seront placées les unes vis-à-vis des autres dans des conditions de libres et mutuelles concurrences, de parfaite égalité en droit et en fait.

Déjà, sous le Gouvernement impérial, sur les routes et les chemins mis et maintenus en bon état d'entretien, et sur les voies vicinales ouvertes et prolongées partout de manière à ne laisser aucune commune, aucun hameau et presque aucune terre sans débouché, la circulation sans péage et sans entrave, régie par une loi de police libérale, a pris un heureux et immense développement.

D'habiles combinaisons et d'importantes garanties d'intérêt ont assuré la création du second réseau des chemins de fer.

De son côté, l'antique industrie batelière qui, on le répète, par les droits de navigation a payé elle-même et au delà la dépense de création et d'entretien des canaux demande à son tour que la voie d'eau, aussi mise en bon état, soit débarrassée des entraves fiscales par la suppression des droits et des entraves administratives par la promulgation d'une loi sur la police de la navigation.

Le Conseil général du département du Nord, dans sa dernière session, sur la communication qui lui a été faite d'un mémoire présenté par la Chambre syndicale de la marine du Nord, a adopté le vœu suivant:

» Que l'attention du Gouvernement soit appelée sur » la nécessité qu'il pourrait y avoir à régler. soit par une » loi, soit par un règlement d'administration publique, » la police de la navigation intérieure et particulièrement » celle de la Batellerie, sur les rivières, fleuves et ca- » naux. »

Par tous ces motifs et ceux qui sont énoncés aux pièces jointes, la Chambre syndicale de la Marine du Nord supplie le Sénat de prendre en considération la présente pétition et d'ordonner l'envoi à leurs Excellences les Ministres de l'Agriculture, du Commerce et des Travaux publics, et des Finances, de cette pétition dont les conclusions tendent:

1° A la suppression des droits de navigation;

2° Transitoirement, si cette première et fondamentale mesure ne pouvait être prise immédiatement, à l'application uniforme et générale aux canaux des droits perçus sur les rivières;

3° A la liberté de l'industrie des transports par eau par la cessation de la tutelle directe de l'administration et du régime discrétionnaire et personnel de l'autorisation;

4° A la promulgation d'une loi sur la police de la navigation intérieure;

5° En un mot : « *au prompt achévemènt des voies de navigation intérieure* » comme le recommande l'Empereur.

Pour la Chambre syndicale de la Marine du Nord,

De Messieurs les Sénateurs,

les très-humbles et très-obéissants serviteurs.

Le Secrétaire général,   *Le Président,*

M. WATTIAU.   G. RAVERDY.

Condé-sur-Escaut, (Nord) le 12 Mars 1867.

Valenciennes. — Imp. Louis HENRY

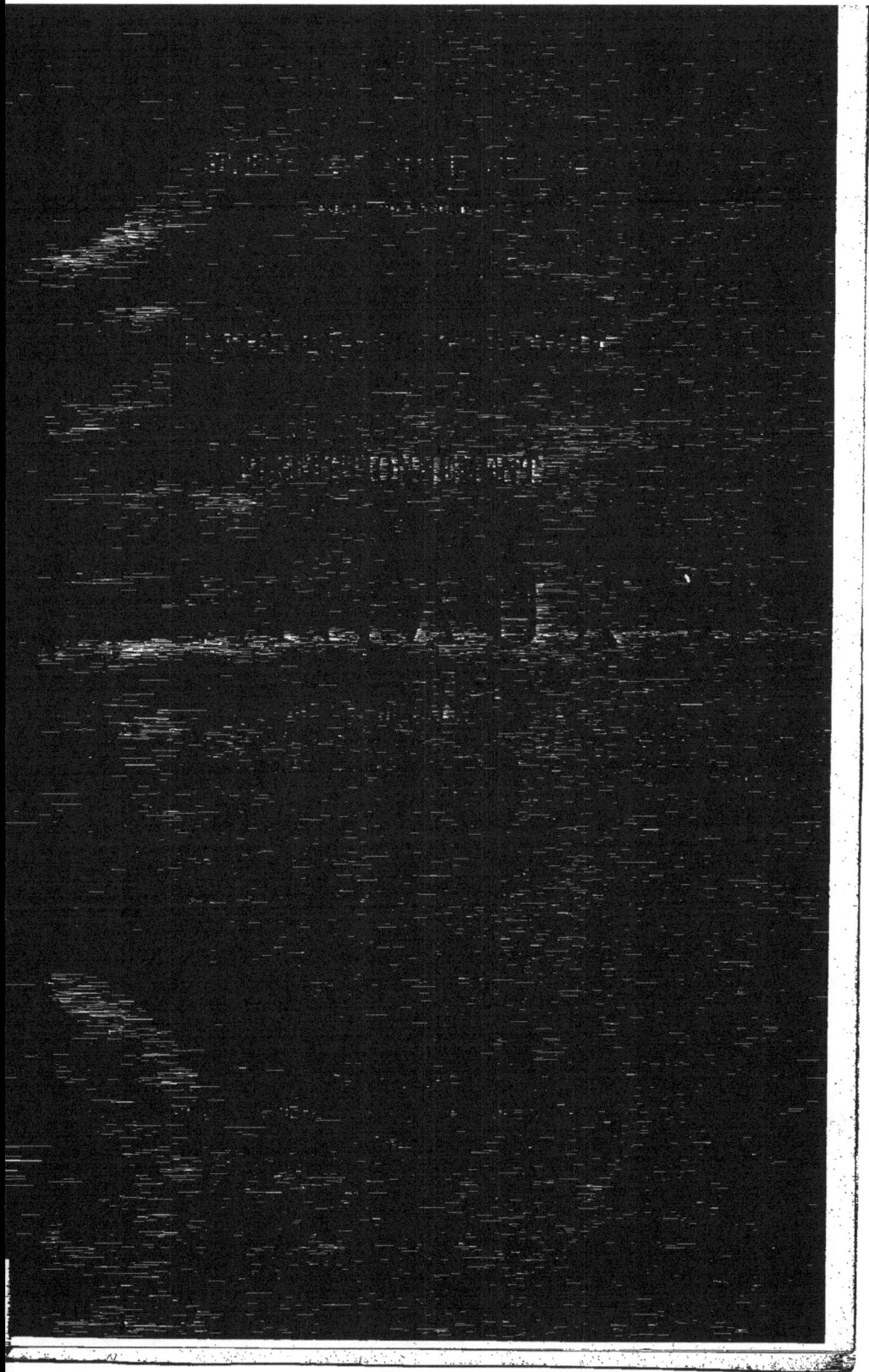

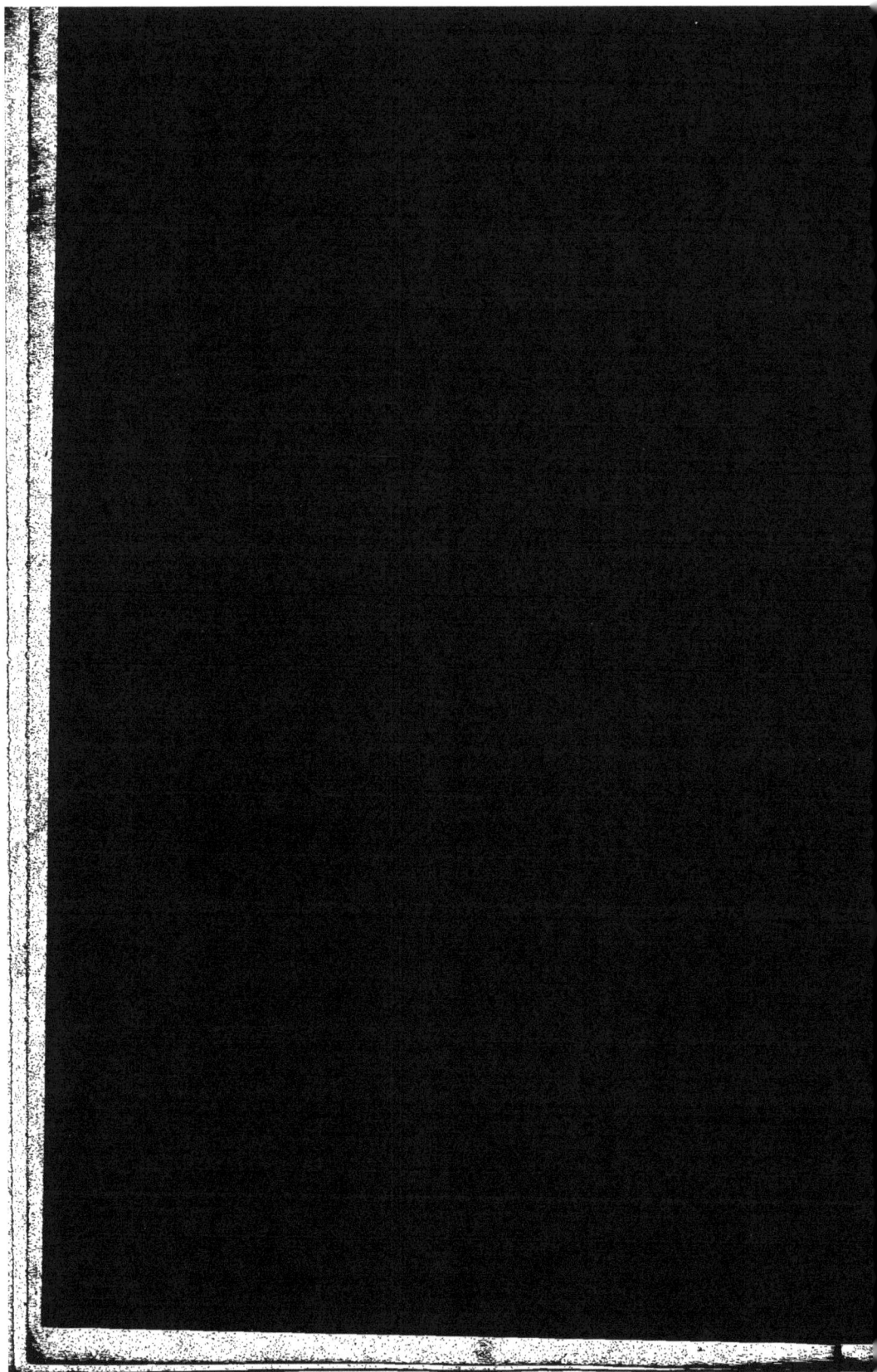

V

SYNDICAT DE LA MARINE DU NORD

A CONDÉ-SUR-ESCAUT

NAVIGATION INTÉRIEURE

PERFECTIONNEMENT

DES

CANAUX

DU PAS-DE-CALAIS

VALENCIENNES

IMPRIMERIE DE LOUIS HENRY, MARCHÉ-AUX-POISSONS

1867

BIBLIOTHÈQUE IMPÉRIALE IMPR.

SYNDICAT DE LA MARINE DU NORD

A CONDÉ-SUR-ESCAUT

NAVIGATION INTÉRIEURE

PERFECTIONNEMENT

DES

CANAUX

DU PAS-DE-CALAIS

A Son Excellence Monsieur le Ministre de l'Agriculture et des Travaux publics, à Paris.

MONSIEUR LE MINISTRE,

Depuis l'avènement de l'Empire, le but constant du Gouvernement a été de donner le plus grand essor possible à l'industrie nationale par un immense développement de la production.

Parmi les moyens les plus efficaces pour concourir à cette expansion de forces vitales, le premier entre tous est celui du transport à bon marché de la matière première. Aussi avons-nous vu le Gouvernement impérial donner la plus grande activité à la construction des chemins de fer et à l'amélioration des voies navigables. Mais pendant que les grands centres de production absorbaient sa sollicitude, un bassin houiller, à peine connu en 1850, s'est développé tout à coup et a donné une telle impulsion à ses travaux, qu'en peu d'années, il a conquis le premier rang pour la production. C'est le *Bassin houiller du Pas-de-Calais*, auquel les heureuses destinées de l'Empire semblent avoir porté bonheur.

Ce Bassin est desservi par un réseau de rivières et canaux qui arrosent la partie ouest des départements du Nord et du Pas-de-Calais. Au centre même du Bassin houiller se trouve le canal d'Aire à La Bassée, passant par Béthune, et qui se joint d'un côté à la Haute-Deûle; celle-ci prolongée par le canal de la Basse-Deûle, réunit la Scarpe à la Lys canalisée ayant pour point de départ et d'arrivée, Douai sur la Scarpe et Deulemont sur la Lys. D'un autre côté le canal d'Aire est mis en communication avec Merville, Armentières, Courtrai, Gand et Saint-Omer par la Lys canalisée, et avec Calais, Dunkerque et Gravelines par la rivière de l'Aa et les nombreux canaux qui s'y rattachent. La Scarpe et la Sensée relient ces différentes voies de communication aux grandes lignes de l'Est et de l'Ouest, sur Paris, Reims, Strasbourg, Rouen et la Belgique.

Sur le canal d'Aire à La Bassée seulement, le tonnage moyen s'est élevé en 1864 à 641,725 tonneaux, sur un parcours de 43 kilomètres, avec un tirant d'eau qui varie de 1^m,20 à 1^m,40 par bateau. Quant aux droits de navigation sur ce même canal, ils ont atteint la même année le chiffre de 139,795 fr. 50 c., décime compris. La navigation s'est développée dans une semblable proportion sur les autres lignes du même réseau. Loin d'être demeurée stationnaire, elle s'accroît de jour en jour et est destinée, si les améliorations dont nous allons parler s'effectuent, à acquérir plus d'importance encore, par suite de la création d'un grand nombre de nouveaux puits d'extraction qui bientôt seront livrés à l'exploitation.

Ces résultats sont dus à l'industrie houillère, qui n'a pu cependant jusqu'ici profiter du bénéfice de l'économie de transport réalisée d'une manière constante et certaine par la batellerie, les services que celle-ci est appelée à rendre étant entièrement paralysés par l'inachévement et l'imperfection des rivières ou canaux qui sillonnent le Bassin houiller du Pas-de-Calais.

En voyant une industrie si florissante et presque complètement deshéritée quant aux moyens d'exportation par la voie d'eau, la Chambre syndicale de la Marine du Nord se croit autorisée à joindre ses vœux à ceux du Comité des houllères du Pas-de-Calais et des Conseils généraux des divers départements qui se sont occupés de ces graves intérêts. Elle appelle votre attention la plus sérieuse sur la transformation qu'il est indispensable de faire subir à cette partie des canaux du Nord, dans l'intérêt considérable de la Batellerie, des Houillères et de l'Industrie.

Deux circonstances capitales ont jusqu'ici entravé le complet développement des transports par eau sur toute l'étendue du terrain houiller du Pas-de-Calais :

1° L'état défectueux dans lequel se trouvent la plupart des canaux ;

2° L'impossibilité actuelle d'effectuer sur ces canaux des transports comme sur la ligne de Mons à Paris et de Charleroy à Paris à l'enfoncement normal de 1^m,80, le peu de profondeur de leur lit ne permettant que très-difficilement un tirant d'eau maximum de 1^m,40.

La situation des canaux du Pas-de-Calais laisse beaucoup à désirer :

Les canaux de la Haute et de la Basse-Deûle qui mettent en communication directe la Scarpe et la Lys, par Douai, Lille et Deulemont, sont partout susceptibles d'un enfoncement de 1^m,80 par bateaux de toute dimension, excepté sur deux points :

A l'écluse de Don, sur la Haute-Deûle, et au pont de Warlington, sur la Basse-Deûle.

Le peu de profondeur de l'écluse de Don force les bateaux chargés à 1^m,80 d'alléger.

Au pont de Warlington, les bateaux de grande dimension (*c'est-à-dire de cinq mètres de largeur, tels qu'on les construit tous aujourd'hui*), ne peuvent passer par suite de l'avancement des poutres supérieures, le bas du pont étant assez large.

Il suffirait pour que la circulation des bateaux pût s'effectuer sans aucune difficulté sur les canaux de la Haute et de la Basse-Deûle, à l'enfoncement de 1ᵐ,80 et avec la dimension de 5 mètres de largeur, que l'écluse de Don fût approfondie et le pont de Warlington élargi par le haut. Ces travaux n'entraîneraient pas une bien grande dépense, comparée aux avantages qui en résulteraient pour la Batellerie et le commerce, et surtout au bénéfices qu'elle procurerait à l'Etat.

La Lys canalisée, qui relie les ports de Calais, Gravelines et Dunkerque et tout le Bassin houiller du Pas-de-Calais à la Belgique, permet également aux bateaux de voyager partout avec un enfoncement de 1ᵐ,80 ; mais à l'écluse de Commines, qui est franco-belge, les bateaux de 5 mètres de largeur sont arrêtés : l'écluse n'a que 4ᵐ,87 et encore est-elle plus large du haut que du bas !

On trouve sur tout le parcours du canal de Calais les mêmes facilités pour circuler avec un enfoncement de 1ᵐ,80 et plus. En outre, les bateaux de toute espèce peuvent le parcourir et s'y croiser aisément.

Malheureusement, on n'en peut dire autant du canal de Dunkerque à Bourbourg par Watten : plus de la moitié de l'année, le port de Dunkerque est fermé aux transports par eau. De Watten à Gravelines, il n'existe aucune écluse et pendant l'été, les eaux de l'Aa sont à peine suffisantes pour servir de chasse-marée au port de Gravelines. Aussi les bateaux qui entrent dans le canal de Bourbourg se dirigeant vers Dunkerque sont-ils obligés de s'alléger considérablement à l'écluse de Guindal.

Cependant Dunkerque est le port le plus commerçant du Nord de la France par ses importations et ses exportations ; son commerce devient de jour en jour plus prospère ; doit-il rester plus longtemps privé de l'économie des transports par eau alors qu'il serait facile, au moyen de travaux peu couteux, de lui assurer cet avantage.

En effet, il est aisé d'élargir le canal de Wattendam à Bergues, pour permettre aux bateaux d'arriver en toute saison à Dunkerque avec un enfoncement normal. On ne rencontrerait d'obstacle à ce travail qu'à l'écluse de Bergues, construite dans les fortifications mêmes de la ville. Mais cette difficulté n'est pas insurmontable ; si l'on entaillait légèrement les parois de l'écluse, la route pour Dunkerque serait ouverte aux bateaux de toute dimension et l'on économiserait au moins la moitié du temps sur l'ancien parcours par le canal de Bourbourg.

Le Gouvernement ayant bien voulu dernièrement prendre en considération les observations présentées par le Comité des houillères du Pas-de-Calais au sujet du canal d'Aire à la Bassée, la Chambre syndicale se permettra seulement d'insister près de Son Excellence pour que les travaux projetés soient exécutés le plus promptement possible.

Le Syndicat de la Marine du Nord résume ainsi les travaux à effectuer et sur l'urgence desquels il appelle la bienveillante attention de Votre Excellence :

1° Approfondissement de l'écluse de Don et élargissement du pont de Warlington ;

2° Elargissement de l'écluse de Commines ;

3° Mise en état de navigabilité du canal de Bourbourg par Watten ;

4° Elargissement du canal de Dunkerque ;

5° Facilité plus grande aux bateaux de se croiser sur tous ces canaux.

La Chambre signale spécialement à Votre Excellence la nécessité de mettre en communication directe et facile avec les autres voies navigables un Bassin houiller important que sa position appelle non-seulement à l'approvisionnement de l'intérieur, mais aussi à celui de la flotte française, par Dunkerque, Calais et Gravelines, si une guerre venait à nous priver des charbons anglais, belges et prussiens.

De leur côté, les Compagnies du Pas-de-Calais ont fait des sacrifices considérables pour relier leurs exploitations au réseau déjà existant ; elles ont creusé des tronçons de canaux ; mais tant que l'Etat n'aura pas approfondi les voies navigables, amélioré et élargi ses écluses, cette portion si intéressante de l'industrie de notre pays sera toujours dans des conditions d'infériorité comparativement à la Belgique et à la Prusse qui nous font parvenir leurs produits par des voies faciles, pouvant porter des bateaux d'un plus fort tonnage.

Pour terminer, nous nous permettrons de recommander à Votre Excellence l'intérêt non moins sérieux des bateliers, nos commettants qui, soit parce qu'ils possèdent des bateaux neufs (c'est-à-dire de grande dimension), soit parce que le peu de profondeur des canaux ne leur permet pas de prendre une charge suffisante et par là d'obtenir un fret rémunérateur, sont forcés de renoncer au transport des charbons du Pas-de-Calais.

Pleins de confiance dans la sollicitude que Votre Excellence ne cesse de témoigner à la navigation intérieure et à l'industrie,

Nous avons l'honneur d'être,

Monsieur le Ministre,

vos très-humbles et très-obéissants serviteurs.

Le Secrétaire,   *Le Président,*

Myrtil WATTIAU   RAVERDY

IMPRIMERIE DE LOUIS HENRY, MARCHÉ-AUX-POISSONS, 2.

VI

CHAMBRE SYNDICALE DE LA MARINE DU NORD

A CONDÉ-SUR-ESCAUT.

PERFECTIONNEMENT

DES CANAUX

SUR

LA LIGNE DE MONS VERS PARIS.

VALENCIENNES

IMPRIMERIE DE LOUIS HENRY, MARCHÉ-AUX-POISSONS, 2.

—

1867

CHAMBRE SYNDICALE DE LA MARINE DU NORD

A CONDÉ-SUR-ESCAUT.

PERFECTIONNEMENT

DES CANAUX

SUR

LA LIGNE DE MONS VERS PARIS.

MONSIEUR LE MINISTRE

Le Gouvernement impérial, avec juste raison, n'a cessé, depuis son avénement, de se préoccuper du développement et du perfectionnement des voies navigables de la France.

Les voies d'eau sont le complément des voies ferrées; les unes ne peuvent produire leur plus grande somme de travail qu'à la condition qu'elles seront pour ainsi dire doublées par les autres rivales en industrie.

C'est pour répondre à cette grande pensée de l'Empereur que la CHAMBRE syndicale de la marine du Nord se permet de présenter à Monsieur le Ministre du commerce et des travaux publics, les observations que la pratique et l'expérience lui ont suggérées relativement aux perfectionnements qu'il est devenu urgent, selon elle, d'apporter aux canaux du Nord pour réaliser toute la vitesse et partant toute l'économie possible dans les transports par eau.

Dans un récent mémoire publié par la Chambre syndicale le 26 novembre dernier, ayant trait à l'application de la vapeur à la traction des Bateaux sur les rivières et canaux, la Chambre syndicale, appelée par divers intéressés à émettre son avis sur différents systèmes mis à l'essai depuis quelques temps, concluait à peu près de la manière suivante :

Ce n'est pas tant la vitesse kilométrique réalisée dans un temps donné, surtout pour le parcours des canaux du Nord et du Pas-de-Calais qui peut permettre, actuellement du moins, la plus grande célérité et la plus grande économie dans les transports. On ne peut en effet tirer un utile parti de toute la somme de vitesse mise en avant par les entrepreneurs de locomotion au moyen de la vapeur, car il est de toute impossibilité de se soustraire aux entraves qu'apportent les sécheresses, les grandes eaux, l'hiver et surtout le passage des écluses si rapprochées sur tous les canaux en question. Ce ne sont pas les bateaux qui n'arrivent pas assez vite aux écluses, mais ce sont les écluses qui ne peuvent pas manœuvrer assez rapidement pour évacuer les bateaux au fur et à mesure qu'ils se présentent. De plus, l'expérience démontre chaque jour que pour atteindre le but recherché dans le transport des marchandises encombrantes, *la plus grande économie possible*, ce n'est pas un bon moyen de rechercher la célérité au détriment de la charge. La compensation que l'on croit trouver dans la vitesse devient alors un avantage plutôt factice que réel.

CANAUX DU NORD. — LIGNE DE MONS A PARIS.

La ligne de navigation de Mons sur Paris est et doit être à juste titre considérée comme une des plus parfaites qui existent en Europe ; mais il ne s'ensuit pas nécessairement qu'elle ait atteint aujourd'hui tous les perfectionnements dont elle est susceptible. Sans revenir sur les moyens défectueux signalés plus haut et dont le but est de donner à l'industrie des transports par eaux la plus grande célérité possible et partant la plus grande économie, résultat reconnu indispensable à obtenir aussi bien par le corps des ingénieurs des ponts-et-chaussées que par la batellerie et le commerce, nous dirons seulement que l'entretien de cette importante voie navigable qui relie la Belgique au cœur même de la France, réclame impérieusement certains perfectionnements qui la maintiendront à la hauteur des intérêts qu'elle dessert.

Depuis six ans, date de la fondation du Syndicat de la marine du Nord, la Chambre syndicale, pour répondre aux vœux réitérés de ses nombreux commettants, n'avait cessé de demander au Gouvernement impérial la création d'un barrage fixe à Suresnes, lequel barrage put permettre à tout bateau et à toute époque de l'année, d'arriver sans retard, sans encombre et sans allége, au centre même de Paris. Ces vœux sont aujourd'hui exaucés et la Chambre remercie sincèrement le Gouvernement de Sa Majesté l'Empereur du bon vouloir et de l'activité qu'il apporte dans l'exécution de cet important travail. Aussi pensé-t-elle que fidèle aux principes adoptés, l'administration ne tardera pas à compléter le perfectionnement des autres voies navigables qui relient le Nord de la France à la capitale de l'Empire.

ACCÉLÉRATION DU PASSAGE AUX ÉCLUSES.

Dès le début de ce mémoire nous posions en principe, que ce ne sont pas, *actuellement du moins*, les Bateaux qui n'arrivent pas assez vite aux écluses, mais que ce sont les écluses qui ne fonctionnent pas assez vite pour évacuer les bateaux au fur et à mesure qu'ils se présentent.

Sur *aucune* ligne de navigation, pareille allégation ne peut être aussi bien justifiée que sur la *ligne* de Mons à Paris; ainsi nulle part les écluses ne sont aussi rapprochées que sur le canal de Saint-Quentin qui relie la vallée de l'Escaut à la vallée de l'Oise. Grâce à l'initiative de

Monsieur l'*ingénieur* en chef Gosselin, des essais de perfectionnement ont été tentés à l'écluse de Noyelle, près de
Cambrai. Par une habile combinaison, Monsieur l'*ingénieur* en chef a fait établir, dans la muraille même des
écluses, un syphon qui permet à l'eau refoulée par le
Bateau entrant, de s'écouler sans présenter de *résis-
tance sérieuse*.

De cette suppression de force résistante, il résulte une
économie de moitié de temps pour l'entrée d'un Bateau
dans une écluse, soit 15 minutes de main d'œuvre au
lieu de 30. En admettant que le même syphon soit *placé*
pour la sortie comme pour l'entrée des Bateaux, on
gagnerait de la sorte 30 minutes par chaque éclusée.
Les mêmes travaux reproduits à chaque écluse du canal
de Saint-Quentin, donneraient quant à la célérité et à
l'*économie* des transports, des résultats qui surpasse-
raient toutes les espérances.

ENVASEMENT DU LIT DE LA RIVIÈRE.

En ce qui concerne le canal de Saint-Quentin et l'Escaut, surtout aux abords de Denain et de Bouchain,
la Chambre fait observer à Monsieur le Ministre qu'il
y a urgence à curer leur lit d'une manière complète.
Des bateaux à la charge ordinaire de 1 m. 80 c. sont
arrêtés sur une foule de points, à cause de l'envasement
du lit de la rivière, et des sinistres en sont souvent la
conséquence.

EXHAUSSEMENT DE QUELQUES PONTS.

Une autre considération, Monsieur le Ministre, mérite
également d'appeler votre attention. Le pont de Rouvignies - sur - l'Escaut, près d'Haulchin, est actuellement
trop bas. Ce pont est bâti en pierres, et d'après les arrêtés
préfectoraux, il devrait avoir 3 m. 30 c. d'élévation sous
voûte pour *permettre* le passage des Bateaux chargés
avec un comble de 3 m. 10 c., y compris la hauteur du
Bateau. Depuis quelques années, l'enfoncement des

Bateaux qui était primitivement de 1 m. 50 c. sur la ligne de Mons à Paris a été porté à 1 m. 80 c.. Le lit des canaux n'a pas été approfondi, et l'on s'est tout simplement contenté d'élever le niveau d'eau : de là de graves inconvénients.

Les Bateaux chargés avec comble et même les Bateaux vides, de dimensions ordinaires, sont arrêtés chaque jour dans leur marche pendant trois ou quatre heures et parfois même pendant une journée entière. Généralement, par suite de l'exigence et des besoins de l'industrie locale, l'eau ne peut être abaissée que pendant la nuit, les Bateaux peuvent alors passer sous le pont de Rouvignies, mais par cela même qu'il y a eu baisse d'eau pendant la nuit, le lendemain matin, celle-ci n'est plus en quantité suffisante pour *permettre la navigation à l'écluse de Denain*. Il en résulte une *perte de temps* considérable et *journalière*, qui équivaut pour la batellerie et le commerce à une véritable calamité, près de laquelle les retards occasionnés par les sécheresses, l'hiver et les chômages ne sont pas à comparer, ces derniers n'étant que temporaires.

La même observation, Monsieur le Ministre, doit être faite pour le pont d'*Erward*, situé entre Aire et Thun-l'Évêque. Ce pont, construit dans les mêmes conditions que celui de Rouvignies, présente par conséquent les mêmes inconvénients.

Il est un fait incontestable, c'est que ces *empêchements* multipliés, ces entraves qui se retrouvent à chaque pas, causent plus de tort aux développements des transports par eau que ne pourrait le faire toute autre mesure même la moins favorable ; *car, arrêter dans sa marche le Bateau*, qu'on peut appeler le gagne-petit de l'*industrie*, c'est saper l'*industrie* par la base.

En résumé, Monsieur le Ministre, la CHAMBRE syndicale de la marine du Nord pense que le curage des canaux de la ligne du Nord sur Paris, leur entretien dans un bon état de viabilité, l'exhaussement des ponts de Rouvignies et d'Erward, la céation de doubles syphons à toutes les écluses de cette ligne, doivent être considérés par l'Etat comme des mesures d'utilité publique n'ayant pas moins d'importance que n'en a actuellement l'établissement du barrage de Suresnes, dont l'exécution différée pendant plusieurs années, a paralysé si long-temps les transports du Nord sur Paris.

La Chambre syndicale demande aussi qu'il y ai entente complète désormais entre le gouvernement belge et le gouvernement français pour la fixation des époques des chômages, leur durée et surtout leur concordance sur les voies navigables des deux pays. Ces époques sont, il est vrai, fixées d'une manière à peu près régulière, mais elles ne coïncident le plus souvent que sur les affiches, sans qu'il y ait exécution réelle.

Un chômage fixe, régulier et annuel, affecté aux travaux des ponts-et-chaussées, loin d'être préjudiciable à la batellerie, tournerait à son profit en lui donnant forcément le temps que réclame l'entretien de son meuble.

Enfin, le commerce ni l'industrie ne peuvent s'accommoder des variations que subit chaque année la fixation des chômages; nous pensons qu'il conviendrait d'en déterminer à l'avenir d'une manière invariable l'époque e la durée.

Dans l'espérance que vous voudrez bien accueillir no vœux, nous vous prions de vouloir bien agréer l'assu rance de notre profond respect,

Avec lequel nous avons l'honneur d'être,

Monsieur le Ministre

Vos très-humbles et très-dévoués serviteurs,

IMPRIMERIE DE LOUIS HENRY, MARCHÉ-AUX-POISSONS, 2.

www.ingramcontent.com/pod-product-compliance
Lightning Source LLC
Chambersburg PA
CBHW070907280326
41934CB00008B/1616